閻錫山故居所藏第二戰區史料

第二戰區
抗戰要役紀（下）

Historical Documents of the Second Theater
in the Yan Hsi-shan' s Residence

The Main Campaigns of the Second Theater
in the Second Sino-Japanese War
- Section II -

編序

呂芳上
民國歷史文化學社社長

一

　　閻錫山，字伯川，光緒 9 年（1883）生於山西五
臺縣河邊村。先入山西太原武備學堂，後東渡日本，進
入東京振武學校就讀，步兵第三十一聯隊實習，再至日
本陸軍士官學校攻研。在東京時，因結識孫中山，而加
入中國同盟會，從事革命工作。畢業後，返回山西，擔
任山西陸軍小學教官、監督，新軍第二標教官、標統。
辛亥革命爆發後，10 月 29 日，領導新軍發動起義，呼
應革命，宣布山西獨立。

　　閻錫山自民國元年（1912）擔任山西都督起，歷任
山西督軍、山西省長。國民政府北伐以後，更於民國
16 年（1927）6 月舉旗響應，擔任過國民革命軍北方總
司令、國民政府委員、第三集團軍總司令、中國國民黨
中央政治會議太原分會主席、軍事委員會委員、平津衛
戍司令、內政部部長、蒙藏委員會委員長、中國國民黨
中央執行委員、陸海空軍副總司令、軍事委員會副委員
長、太原綏靖主任等職。

　　抗戰爆發，軍事委員會為適應戰局，劃分全國各接
戰地帶，實行戰區制度，閻錫山於民國 26 年（1937）
8 月 11 日就任第二戰區司令長官，統率山西軍民對抗

II　閻錫山故居所藏第二戰區史料 **第二戰區抗戰要役紀（下）**
Historical Documents of the Second Theater in the Yan Hsi-shan's Residence
The Main Campaigns of the Second Theater in the Second Sino-Japanese War - Section II

日軍侵略，雖軍力落差，山西泰半淪陷，但閻錫山幾乎都坐鎮在司令長官部，民國 38 年（1949）接掌中央職務之前，沒有離開負責的防地。

抗戰勝利後，閻錫山回到太原接受日本第一軍司令官澄田睞四郎的投降，擔任山西省政府主席、太原綏靖公署主任。民國 38 年（1949）6 月，在風雨飄搖中接任行政院院長，並兼任國防部部長，從廣州、重慶、成都到臺北，締造個人政治生涯高峰。39 年（1950）3 月，蔣中正總統復行視事，政局穩定後，率內閣總辭，交棒給陳誠。

從辛亥革命起，閻錫山在山西主持政務，既為地方實力派人物，矢志建設家鄉，故嘗大力倡導軍國民主義，推行六政三事，創立村政，推動土地改革、兵農合一等制度，力圖將山西建立為中華民國的模範省。此期間，民國政治雲翻雨覆，未步軌道，許多擁有地方實權者，擅於玩弄權力遊戲，閻氏亦不能例外。

民國 39 年（1950）3 月，閻錫山卸下閣揆後，僅擔任總統府資政，隱居於陽明山「種能洞」。在人生中的最後十年，悉心研究，著書立說。民國 49 年（1960）5 月病逝，葬於陽明山故居之旁。

二

閻錫山一向重視個人資料之庋藏，不只廣為蒐集，且善加整理保存。其個人檔案於民國 60 年（1971）移交國史館以專檔保存，內容包括「要電錄存」、「各方往來電文」、日記及雜件等，均屬民國歷史重要研究材

料。民國 92 年（2003）國史館曾就閻檔 27 箱，選擇「要電錄存」，編成《閻錫山檔案》十冊出版，很引起學界重視。這批史料內容起於民國元年（1912）迄於民國 15 年（1926），對 1910 年代、1920 年代北京政局變換歷史的了解，很有幫助。

民國歷史文化學社致力於民國史史料的編纂與出版，近年得悉閻錫山在臺北故居存有閻錫山先生所藏親筆著作、抗戰史料、山西建設史料等豐富典藏，對重構民國時期山西省政輪廓，尤見助益，本社遂極力爭取，進而出版以嘉惠士林。民國 111 年（2022），本社承臺北市政府文化局與閻伯川紀念會之授權，首先獲得機會出版「閻錫山故居所藏第二戰區史料」叢書，內容包含抗戰時期第二戰區重要戰役經過、第二戰區的經營、第二戰區重要人物錄、第二戰區為國犧牲軍民紀實，以及第二戰區八年的大事記等，均屬研究第二戰區與華北戰場的基本重要資料。

三

最近幾年海峽兩岸競相出版抗戰史料，對抗戰史之研究，雖有相當幫助，但許多空闕猶待彌補，即以戰區設立為例，是政府為考量政治、補給、戰略與戰術需要而設立的制度，初與軍委會委員長行營並行，其規模與人事，常隨著時局、情勢有所變動。民國 26 年（1937）8 月設有第一至第九戰區、一個綏靖公署，次年 8 月後調整為第一至第十戰區，另設兩個游擊戰區、一個行營。其所轄地域、人事異動、所屬軍系，中央與戰區的

IV
閻錫山故居所藏第二戰區史料 第二戰區抗戰要役紀（下）
Historical Documents of the Second Theater in the Yan Hsi-shan's Residence
The Main Campaigns of the Second Theater in the Second Sino-Japanese War - Section II

複雜關係，戰區與戰區間的平行互動，甚至戰區與中
共、日敵、偽軍之間的詭譎往來，尤其是戰區在抗戰
時期的整體表現，均可由史料的不斷出土，獲致進一步
釐清。

　　「閻錫山故居所藏第二戰區史料」的出版，不只可
以帶動史學界對第二戰區的認識，而且對其他戰區研究
的推進，甚而整體抗日戰史研究的深化，均有一定意
義。這正是本社出版這套史料叢書的初衷。

編輯說明

　　《第二戰區抗戰要役紀》收錄閻錫山故居庋藏「第二戰區抗戰要役紀」第一集與第二集初稿,由許預甲所編纂。該初稿所錄內容,起自民國 26 年 8 月的南口會戰,終至民國 29 年中的第三次晉東南會戰,為第二戰區於抗戰初、中期,四個階段的作戰經過。

　　為保留原稿抗戰時期第二戰區的視角,書中的「奸」、「逆」、「偽」、「叛」等用語,予以維持,不加引號。

　　書中或有手民誤植,也一概如實照錄,不加修改。

　　此外,為便利閱讀,部分罕用字、簡字、通同字,在不影響文意下,改以現行字標示。原稿無法辨識,或因年代久遠遭受蟲蛀、汙損,與字跡已經模糊的部分,以■表示。原稿留空處,則以□表示。

　　以上如有未竟之處,尚祈方家指正。

目錄

ii 　閻錫山故居所藏第二戰區史料 **第二戰區抗戰要役紀（下）**
Historical Documents of the Second Theater in the Yan Hsi-shan's Residence
The Main Campaigns of the Second Theater in the Second Sino-Japanese War - Section II

第四階段

第三階段

自 27 年 9 月上旬柳林戰役起至 28 年 4 月下旬我軍春季
反攻戰役止

反掃蕩戰（一）

27 年 9 月至 28 年 4 月

　　廿七年八月末，風陵渡再陷後，敵二十、一〇八、
一〇九、廿六等師團，及偽蒙軍、偽皇協軍等十餘師盤
據晉綏，從事其所謂「掃蕩戰」。武漢會戰告終，其第
十四師團、第十一師團與柳下第二十五師團，復先後來
增，合之太原附近之其他守備部隊，經常兵力在六師團
以上。其空軍約一大隊，飛機二百餘架，分駐太原、運
城、大同、臨汾、汾陽、歸綏、石家莊各機場，倏去倏
來，集散無定。我方除晉綏正規軍六軍、三師、六獨立
旅、九砲兵團，新軍四個決死縱隊，與各地之保安隊、
游擊隊外，衛立煌統率之第十四、第四、第五等集團軍
共計十軍，朱德，彭德懷統率之十八集團軍共計三師，
咸在閻司令長官統一指揮下，努力於反掃盪戰。敵所佔
據者，不外交通沿線及其附近之少數城鎮。其餘廣大地
區，皆為我軍活動之所，在政治上，更幾於全面歸我控
制。山西全境，山岳綿亙，我利用以建立游擊根據地。
當時二戰區之中心區在吉、鄉，閻司令長官駐焉，以陳

2

閻錫山故居所藏第二戰區史料 **第二戰區抗戰要役紀（下）**
Historical Documents of the Second Theater in the Yan Hsi-shan's Residence
The Main Campaigns of the Second Theater in the Second Sino-Japanese War - Section II

長捷之六十一軍、彭毓斌之三十四軍扼守黑龍關與鄉寧
各山口，與敵對峙。王靖國之十九軍、郭宗汾之七一
師、傅存懷之暫編一師配置於汾離公路南北。趙承綬之
騎一軍與賀龍師分駐於神、寧、嵐、岢一帶。傅作義、
何柱國、馬占山等部，分駐於偏、保及綏西，以上多係
以呂梁山為根據者。衛立煌之十四集團軍，曾萬鍾、劉
茂恩之第五集團軍，分駐於垣曲、聞喜、絳縣、浮山、
安澤、霍縣一帶，皆係以太岳與中條山為根據者。孫蔚
如之第四集團軍，分駐於平、芮、安、夏、解、永一
帶，則完全以中條山為根據。此外第十八集團軍所屬各
部，及山西之決死各縱隊，活動範圍，幾遍全境，其主
力以太行山為根據，至於各地游擊隊，則又各就所在地
形，分別利用，如晉東北之五台山、汾南之稷王山、太
原附近之西山，皆其彰彰著者。敵之掃蕩計畫，初擬以
全力攻佔沿河渡口，斷我補給路線，然後分區肅清，如
廿七年九月中之連攻柳林、中條、垣曲等役，皆係此種
用意。結果遭我重創，未獲如願。武漢會戰終了後，敵
亟思西犯陝甘，惡晉綏之掣肘，乃再增重兵，加緊其掃
蕩工作。一面加強防禦工事，於交通沿線密築碉堡，防
我襲擊；一面廣修公路，逐步進展，縮小我軍活動範
圍。更以懷柔政策，欺騙我民眾，以期擴大偽組織。同
時集優勢之兵力，憑犀利之器械，求我主力所在而擊
之。如十月中之五台戰役，十二月末之吉鄉戰役，廿八
年春季之遼和、霍山、晉西北區及屢次進攻中條山等役
是。其進犯也，先以空軍偵炸，繼則分進合擊，務在陷
我軍於包圍圈內，俾克發揮其旺盛之火器。如圍攻五台

也以十路，圍攻吉鄉也以九路，可謂極盡詭譎矣。我軍戰略，根本上在以全面全民之持久戰，針對敵之「速戰速決」與「速結速和」之企圖。閻司令長官於廿七年古賢高級將領會議時，特標民革戰法，昭示諸將。並決定「抗戰行政機能十大綱領」，擴大民眾抗敵組織，因以奠定反掃蕩戰之基礎。當敵以其瘋狂之勢，向我進撲，我則預為空室清野之計，斷交通，移民眾，藏食糧，掩井灶，使敵不易行動，即幸獲通過，又困於飲食，無法立足。所謂「絆住敵人腿，眯住敵人眼，塞住敵人耳，堵住敵人口」者是也。至我部隊，則本「不失機不吃虧」之原則，層層設伏，處處設伏，造機、捕機、伺機，乘敵運動之際，予以猛烈之側擊、伏擊、夜襲、奇襲，分段截圍而殲滅之，所謂「正面軟頂，側面硬打」者是也。如柳林、五台、吉鄉等役，皆為此種戰術之絕大收穫。總之：我軍作戰，無論敵力如何雄厚，來勢如何兇猛，計畫如何周密，皆能以機動之姿態，靈活運用，由內線而轉為外線，由被動而爭到主動，以反包圍之陣容，粉碎敵軍，故每能以較小之犧牲，獲得極大之戰果。造成我敵傷亡一與十五之比率。再者全區我軍，自展開游擊戰後，即劃為南西東北四路，由衛（立煌）、楊（愛源）、朱（德）、傅（作義）分任指揮，閻司令長官統攝全軍，有如首之使臂，臂之使指，一處告急，他處策應，使敵顧此失彼，疲於奔命。如敵犯中條，則我占梁、太岳部隊，皆向臨汾南北出擊；敵犯吉、鄉，則我三角地帶與汾離公路部隊，皆積極活動，故每能收協同動作之效。計自廿七年九月柳林戰役起，

4　　閻錫山故居所藏第二戰區史料 **第二戰區抗戰要役紀（下）**
Historical Documents of the Second Theater in the Yan Hsi-shan's Residence
The Main Campaigns of the Second Theater in the Second Sino-Japanese War - Section II

至廿八年四月我春季反攻止，凡八閱月，敵之進攻，其
較大者共十四次，小焉者，不下數百次。大者動眾數
萬，小者千百不等，每次進攻，無不蒙極大之損失，狼
狽而退。結果，士氣沮喪，厭戰潮高，雖屢次增援，亦
莫挽頹勢，是欲掃蕩我者，轉為我所掃蕩。二戰區內以
是常牽制敵軍達六師團以上，占敵在我全國總兵力五分
之一，論者譽為模範戰區，豈不信然。茲分述各主要戰
役於後。

（三三）柳林戰役

27 年 9 月 4 日至 21 日

　　自五月中我軍反攻中、離，予敵重創後，三月以來，雙方相持，除汾離道上，時有我游擊部隊活動，敵亦間作蠢動，旋即退去外，別無大戰之可言。九月初，敵一〇九師團山口旅團悉由汾陽，潛移離石、中陽之敵，亦略增加，我即知敵之西犯也，故嚴為之備。王靖國之十九軍，配置於柳林正面及其南側，郭宗汾之七十一師則控制於柳林北至大武之間。同時趙（承綬）、傅（存懷）等部亦積極向文、交、汾一帶推進，遙為策應。敵果於九月四日起，在山口旅團長親自指揮下，首向柳林北面進擾，於七日陷大武鎮。既而以主力撲柳林，迫軍渡，更南下向我山地部隊壓迫。我軍則一本民革戰法，不為正面之硬頂，於十一日自動放棄柳林，縱敵深入，然後以靈活之步隊，採機動戰術，隨處設伏，伺機猛襲，使其疲於奔命，漸就衰竭，乃以雷霆之勢，全線總攻，不逾旬而斃敵近千，柳林鎮復為我有。是固由於前方將士之奮勇用命，克奏膚功。然其所以致此者，皆古賢高級將領會議時，閻司令長官諄諄昭示之力也。茲述其作戰經過於次：

一、柳林左側之戰

　　敵一〇九師團之山口旅團約兩千餘人，於九月三日由汾移離。翌晨以千餘之眾，向我喬家溝及一三〇〇高

6

閻錫山故居所藏第二戰區史料 **第二戰區抗戰要役紀（下）**
Historical Documents of the Second Theater in the Yan Hsi-shan's Residence
The Main Campaigns of the Second Theater in the Second Sino-Japanese War - Section II

地進犯，經我郭（宗汾）師溫團沉著擊退。五日敵山口
旅團長親到離指揮，我十九軍亦派六十八師之兩團，北
向增援。八日，雙方在李家山、皮褲咀、連家山之線展
開激戰，敵一部向左迂迴，佔我陽里堡。當晚我趙旅魏
團，實行夜襲，敵亦全面猛攻，戰況至烈。九日敵軍千
餘，被我趙旅痛擊於孫家山附近。其一股由周家山竄南
溝，一股向武家塬右翼迂迴，衝陷大武鎮。我郭師為擴
大縱深配置，防其西竄磧口起見，乃將各部隊集結於三
交、臨縣間，十一日敵大部南移，集全力攻柳林，我乘
勢收復大武鎮。

二、柳林正面之戰

　　九月十日，步砲聯合之敵約三千餘人，附鐵甲車四
輛，由離石城向西進犯，在離、柳間之楊家嶺、下白霜
村，與我正面之四零五團發生激戰。入夜，我六十八師
從北面返回又側擊王家會，斃敵百餘人，毀敵汽車七
輛。十一日上午十時許，敵步兵千四、五百，砲六、七
門，以飛機三架掩護向柳林猛衝，我十九軍為爭取主動
誘敵深入，以便聚殲計，當本預定計畫，將商民什物，
儘數移出，隨即放棄該鎮。分配重兵於南北兩山採取運
動戰術，分段設伏，隨時襲擊。當晚敵即沿公路進至軍
渡，但因後方遭我軍不斷襲擊，甚形恐慌。十三日夜，
我北山上之六十八師部隊，乘敵大舉南犯之際，對柳林
猛行夜襲，當即衝入鎮內，摧毀敵司令部，擊傷山口旅
團長，斃其石田聯隊長及兵站副司令以下軍官五員。敵
士兵傷亡者，不下二百餘人。獲洋馬三十餘匹，槍枝彈

藥甚多。旋因敵援軍紛至，拂曉前我軍復撤回柳林東北之街崗地附近。十四日晨敵砲七、八門，向我北山往崗原猛轟，並施放大量毒瓦斯，其步兵則在砲火掩護下，分由東南西三面向我六十八師猛衝，經我分頭痛擊，皆未得逞。

三、柳林右側之戰

初敵向柳林進犯時，另以一支六、七百人，由中、離間之金羅鎮，繞攻我石樓山右翼，企圖對我南山部隊予以威脅。經我軍分別堵擊，未獲猖獗。十二日敵千五百餘分四股向我稷村南山進攻，我守軍四三〇團，據險扼守，堅苦奮戰，雖已陷重圍，而屹然不動。結果敵傷亡三、四百人。多係被我手擲彈與刺刀擊斃於山溝崖下。我一、三兩營官兵各傷亡四十餘人。第二營則幾全部犧牲。十四日敵復向我前後安峪，經我軍在胡家圪台一帶伏擊，受創北竄。

四、我軍反攻收復柳林

自敵侵佔柳林、軍渡後，我軍即本「不打即擾，不擾即打」之戰法，疲憊敵人，更以「機動的夾擊與夜襲」殲滅敵人。歷五、六日，敵已漸呈不支，自十五日起，我乃全面反攻。我工兵營配合七十師游擊支隊，首於十五日夜，襲佔薛村，截斷離軍公路。我四三〇團復乘機截擊，於十六日佔領稷村，至此軍渡之敵，無法立足，遂不得不向柳林潰退。我軍逐漸壓迫，四出追擊。十七日我軍大部集中於柳林西南、東北兩面，將敵包圍

8

閻錫山故居所藏第二戰區史料 **第二戰區抗戰要役紀（下）**
Historical Documents of the Second Theater in the Yan Hsi-shan's Residence
The Main Campaigns of the Second Theater in the Second Sino-Japanese War - Section II

猛烈進攻。然敵猶憑恃工事，頑強抗拒。十七、十九兩
夜，連續襲擊，雖已佔領南坪、香巖寺、二郎廟，並已
衝入柳林街內，但迄未奏全功。二十日晨，我又大舉攻
擊，激戰終日，初將柳林鎮高地，完全佔領，繼衝入柳
林西街與薛家灣等處，雙方巷戰極烈，相持至午，經我
一部抄敵左側，一部襲敵右後。敵陣大亂，由青龍城涉
水狼狽東竄，放棄十日之柳林，遂又被我克復。

（三四）中條山戰役（三）

27 年 9 月中旬

自八月末敵陷風陵渡後，我孫（蔚如）軍大部轉移於中條山內化整為零，隨時出擊，以牽制敵人，使不克西渡。當時敵二十師團，分駐於運城、永濟間，並堅守中條山北二十里嶺至張店間各山口，與我相持。九月初，我軍屢襲永濟之六官村，及解縣南之二十里嶺等地，雖未獲奏全功，而敵亦大感威脅，因有肅清中條山我軍之企圖。九月中旬，夏縣、張店之敵數千，分途南犯，經我曾（萬鍾）、李（家鈺）等軍，奮勇堵擊，激戰數日，不支而退。我軍乃乘勢出擊，東自張店，西迄風陵渡，數百里間，烽火連天，敵之掃蕩工作，一籌莫展，中條山遂以敵之盲腸炎名於世。

一、六官村之圍攻

六官村位於韓陽鎮東南，扼中條山西端之隘口，由永濟以趨風陵渡，此處實居其腰側。敵下風陵，即盤據於此，以屏障其渡口間交通。我軍為鞏固中條山陣地，且牽制敵軍渡河計，遂決計規復茲地。九月九日我孫（蔚如）部王（鎮華）旅奉命向六官村及其南方王遼村之敵包圍。孫軍團長（蔚如）親至前方指揮。初我軍攻勢極猛，已迫近敵壘，因工事堅固，未能得手。次日拂曉，再行總攻，當即衝入王遼村及六官村，因敵砲火猛烈，立足未定，復行退出，雙方相持於六官村之六官

10

閻錫山故居所藏第二戰區史料 **第二戰區抗戰要役紀（下）**
Historical Documents of the Second Theater in the Yan Hsi-shan's Residence
The Main Campaigns of the Second Theater in the Second Sino-Japanese War - Section II

塔。次後雖屢行出擊，均無若何戰果。然牽制與消耗敵
軍之目的已達。

二、廿里嶺之攻奪

廿里嶺當解、芮交通之衝途。居中條山之脊，南瞰
陌南，北捍解縣，八月間被敵佔據，重兵扼守，我趙
（壽山）師，環伺其側，以相監視。九月十日，開始猛
攻，一部向墩台嶺，一部向戴家窰，一部向紅賜溝。分
途並進，原計一舉而下之。乃因敵工事堅固，砲火猛
烈，初我頗受損失，繼經迂迴側擊，猛烈肉搏，於十一
日佔領廿里嶺南里許之呂祖廟，戰局漸轉入優勢，無如
解縣敵援，不斷增來，使我進攻愈形困難，終成對峙
狀態。

三、張店敵之南犯

九月十三日辰張店敵千餘，砲十餘門，向我晴嵐
村、北呂村、下郭村，李家鈺軍陣地進犯，經我痛擊，
敵續增至千七、八百，並以飛機四架助戰，次日復向康
村猛撲，陣地幾經出入，雙方損傷均重。旋敵又竄至蘿
蔔溝、毛家山、軮輈等處，均經我分別擊退。迄十五日
敵大部回退張店，我軍乘勝追擊，曾一度衝入張店街
內，但因敵據險頑抗，未能澈底肅清，遂仍恢復以前相
持狀態。

四、夏縣敵之東犯

九月十二日起，敵廿師團森本、梅本等聯隊步騎

三千餘人，砲卅餘門，在飛機掩護下，分五路犯中條山，企圖摧毀我軍政根據地。我曾（萬鍾）軍長指揮唐（淮源）、李（世龍）兩師，奮起迎擊，先後在傅家斜、韓家坪、王家坪、蔡家窰頭等地，激戰三晝夜，斃傷敵千餘，於十六日進薄夏縣城，敵遺屍遍野，死傷慘重，紛向安邑潰去。是役我亦陣亡營長二員，傷二員，士兵傷亡者千二百餘。

（三五）第二次垣曲戰役

27 年 9 月 20 日至 10 月下旬

一、敵軍進犯

七月中敵犯垣曲失敗，我衛副司令長官（立煌）移節該地，指揮晉南軍事。部署嚴密，動作機敏，使聞、絳之敵，久受圍困中條山一帶，又屢蒙鉅創。敵於無計可逞中，乃思傾橫嶺關一帶之師，大舉南犯，企圖佔據垣曲，打通豫北交通，然後乘機渡河，以達截斷我隴海交通之目的。九月中旬，敵廿師團、第一〇八師團各一旅團，由聞喜、絳縣，第十四師團，約一混成聯隊，由濟源方面，各挾其砲空威力，自二十日起，分西東北三面，會向垣曲進犯，我衛副長官，當即調署各軍分頭迎擊。

二、我軍部署

敵犯垣曲之奸謀既著，我為各個擊計，當將附近各軍重加部署：

（一）以劉茂恩部為北路兵團，在橫嶺南大道以東以北，阻敵南犯。

（二）以曾萬鍾指揮第三軍、第九軍（欠高旅）附柳師王旅為南路兵團，以郭軍在橫嶺關大道以南以西，妥為部署，以曾軍由左翼出擊，向右迂迴，將敵包圍殲滅。

（三）以劉戡指揮第十四軍獨五旅為東路兵團，佔領

14　閻錫山故居所藏第二戰區史料 **第二戰區抗戰要役紀（下）**
Historical Documents of the Second Theater in the Yan Hsi-shan's Residence
The Main Campaigns of the Second Theater in the Second Sino-Japanese War - Section II

蒲掌以東之既設陣地線，相機由茶房以北轉移攻勢。

至九月廿七日，我以匝週激戰，陣地多被摧毀，且天雨道滑，兵力轉移困難，為誘敵深入，故避開大道正面，分為機動兵團，尋敵側背，以求逐段擊滅之，乃變更部署如下：

（一）北路兵團以東桑池南北地區為根據，側擊橫嶺關南及皋落以北之敵。

（二）南路兵團，第九軍（附王旅）佔架桑以東及東北；第三軍佔東交口、馬家廟線南北地區，側擊經皋落鎮、朱家莊兩大道及中間地區進犯之敵，同時第三軍以一部在四交村附近連繫李家鈺部截擊敵之東窟。

（三）東路兵團佔領同善鎮附近互陽城以西地區，側擊邵源西犯，橫嶺關南犯之敵，並酌以一部，警戒陽城大道。邵源、封門以北，另以有力一部遮斷敵後方連絡。

三、戰鬥經過

自九月廿日，敵進犯起至十月下旬，肅清皋落附近止，前後月餘，初在橫嶺關南激戰六、七日，消耗敵力逾半。既而我變更策略，避開正面堵擊，專事側面猛襲，於是皋落、垣曲、同善、王茅等地，相繼被陷。敵雖盤據諸要點，但周圍地區，悉被我軍控制，隨時以機動之勢，予以反攻，如此鏖戰旬餘，敵漸不支。十月十日，退出垣曲，向北潰竄。我軍尾追猛襲，左右夾擊，

迄十八日，敵遂整個崩潰，不得不放棄皋落，再竄回橫嶺關北。我軍繼加掃蕩，於十月下旬，恢復原來對峙狀態。

（1）邵原茶房之戰

九月十九日，濟源之敵千餘，向封門口進犯，我陳鴻遠師，節節阻擊，先後轉戰於王屋鎮、邵原等處。我軍計畫，在將敵主力誘至邵原以西之預設陣地，予以殲滅。而敵於廿二日竄抵七溝河（邵原西），即利用東面高地構築工事，與我相持，同時分為數股，繼續竄擾，其後續部隊，復陸續達到，廿三日，以三千之眾，砲十餘門，佔據王嶺、段凹、劉家溝互塔凹附近之線，並向茶房急進。廿四日，敵集中砲火，掩護步兵千餘，分向茶房、小七里溝、前楊山陣地進犯，經我彭、陳兩師痛擊，斃敵三百餘，當夜彭師向該敵襲擊，斬獲尤多。嗣因橫垣道上，戰事激烈，且值天雨路滑，兵團調移困難，所有原定計畫，無由實現。敵遂於廿七日，突過蒲掌。廿八日一部陷垣曲，一部陷同善鎮，與南下之敵會合。

（2）橫嶺關西之戰

九月廿日，聞、絳之敵，同時蠢動，夏縣敵亦東向策應，當與我郭（寄嶠）軍裴（昌會）、孔（繁瀛）兩師在大小牙墝（聞喜堰掌鎮東）、東山、祁家莊一帶，展開激戰。二十二日，堰掌、河底

16　閻錫山故居所藏第二戰區史料 **第二戰區抗戰要役紀（下）**
Historical Documents of the Second Theater in the Yan Hsi-shan's Residence
The Main Campaigns of the Second Theater in the Second Sino-Japanese War - Section II

之敵，增至五千，挾砲卅餘門，越紫家村、神底村向我裴師之關家梁、長里坡、南北換頭、蓋寨、下賈峪、大峪溝、龍爪窊陣地猛犯，我軍沉著應戰，縱橫衝殺，歷一晝夜，敵屍橫遍野，為狀極慘。我下賈峪、大峪溝，亦遭敵機炸轟，悉成焦土。廿三日，雙方又激戰於岔溝、黃家底、陌山、難兒山、上橫榆之線。敵步兵七千餘，砲卅餘門，空軍更番轟炸，我裴、孔兩師，反復肉搏，異常壯烈。迄廿五日晚，我工事被摧毀殆盡，轉移於吉家山、集固里、余家山、店頭枋、胡家峪之線，連繫曾（萬鍾）軍，從左翼地區出擊。總計五、六日來，斃敵不下三、四千人，我裴、孔兩師，亦損傷逾半，於此次戰役中為最壯烈者。

（3）橫嶺關南之戰

當橫嶺關西戰事緊急之際，橫嶺關正面敵亦增至三千以上，九月廿二日辰，在砲火掩護下，向我劉（茂恩）軍主陣地轉移，擔任東西線進攻。廿四、五兩日，戰況最烈，經劉軍團長親至前線督戰，情況始稍趨穩定。廿六日，敵主力二千餘沿橫嶺大道，向南進犯，我轉山、獅子舖及馬崟陣地，多被摧毀，官兵大部犧牲，陣地因以不守。敵復續向劉莊厝兩翼圍攻，我軍苦鬥終日，始奉命向兩側山地轉移。

（4）垣曲縣城之放棄

我軍在橫嶺關西南兩面，消耗敵力後，即變更戰略，採取機動戰術，避開大道，誘敵深入，以便逐段邀擊。廿七日，南犯敵竄至皋落鎮，廿八日西犯敵越蒲掌竄至垣曲，同善、王茅亦相繼陷入敵手。至此敵力已分，敵氣已餒，正我反攻之絕好機會。

（5）我軍分段反攻

敵陷垣曲後，以重兵分據同善、王茅、皋落及東西交斜（垣曲西北）等地，意在扶持偽政權，以達長期佔領之目的。我軍則乘其喘息未定，分段猛襲。高旅（增級）躡城西，陳師向城東，曾軍唐（淮源）師分向皋落南北之馬家圪塔、上下丁村攻擊，斷敵橫垣間之連絡。十月初旬，屢經激戰。初敵猶勉強扎掙，圖對我主力加以掃蕩，無如兵力有限，沉足愈深，東調西移，徒增窮態。十月中旬，遂陷於崩潰之境。

（6）敵軍之崩潰

垣曲附近之敵，經我高（增級）旅及陳（鴻遠）師東西夾擊，激戰數日，於十月十日，遺屍數百，狼狽北竄。高旅當即收復縣城，陳師亦克復同善。復會同尾追，於十五日佔領東西交斜，續向皋落進擊。時我曾軍裴師，均來相會。敵已陷於四面楚歌，猶作困獸之鬥，佔據橫、皋間兩側

18　閻錫山故居所藏第二戰區史料 **第二戰區抗戰要役紀（下）**
Historical Documents of the Second Theater in the Yan Hsi-shan's Residence
The Main Campaigns of the Second Theater in the Second Sino-Japanese War - Section II

高地，頑強抵抗，但終難挽回頹勢。十八日我高
旅首先攻入皋落鎮，殘敵紛向橫嶺關潰去。經我
曾軍在毛家灣、結山間截擊，斃傷敵極眾。爾後
我軍續加掃蕩，曾在皋落西之南溝三坪，及橫嶺
關南之轉山，殲敵數百。十月下旬，敵乃退據橫
嶺關之舊陣地與我對峙。

（三六）敵十路圍攻五台戰役

27 年 9 月 25 日至 11 月上旬

一、五台區之形勢

　　晉之東北部，五台山脈，盤紆縱橫，北接恆岳，東連太行，滹沱河圍抱其西南，在地理上為一天然形勝之區。自太原失守，河東淪陷，倭寇鐵蹄，幾遍三晉，惟五台一隅，巋然猶存。晉察冀邊區政府即利用此種地形，於艱苦奮鬥中，在敵後方，樹我政權之強固基礎。由此東出則平漢線為我控制，西向則同蒲路無由暢通，南下則正太線交通絕斷，北上則平綏路感受威脅。故敵對之，無異在喉之鯁，時欲排而去之，惟因我地形險要，軍民協作，未敢輕於進犯，迄武漢會戰將告終了之際，敵始由各方調集重兵大舉圍攻。

二、敵圍攻計畫

　　敵之戰略，向以「分進合擊」為不二法門，此次進犯五台，尤為謹慎嚴密。初則訓練大批漢奸，潛入活動，繼由華北各處調集大軍數萬，四面圍攻，其主要路線凡十：

（一）一路從察省之蔚縣出發。

（二）一路從河北易縣出發，兩路會向淶源進攻。

（三）一路從山西廣靈、渾源出發，向靈邱進攻。

（四）一路從應縣、山陰方面向繁峙進攻。

（五）一路從代縣、崞縣進攻。

20

閻錫山故居所藏第二戰區史料 **第二戰區抗戰要役紀（下）**
Historical Documents of the Second Theater in the Yan Hsi-shan's Residence
The Main Campaigns of the Second Theater in the Second Sino-Japanese War - Section II

（六）一路從忻縣、定襄直趨台城。

（七）一路從正太線之陽泉出發，向盂縣進攻。

（八）一路從石家莊、正定，進攻平山。

（九）一路從望都進攻唐縣。

（十）一路從保定出發，會合唐縣之敵，進攻阜平。

三、我方作戰計畫

　　敵雖號稱十路進攻，實際上，東北兩面，不過佯為牽制，而主要企圖仍在由西路猛撲五台，撼我邊區政治核心。故我作戰計畫，對南北兩路，暫時放鬆，東路採取誘攻形勢，而將主力側重於西路。同時知敵之目的地在五台城，故預先動員各地民眾，嚴格實行空室清野，並將所有機關與部隊，一律遷移於外線，使敵至一無所獲。如此則我即可由內線被包圍之形勢，轉變為外線反包圍之形勢，脫去被動地位，爭到主動地位。至我當時軍隊配備，在五台者為聶（榮臻）、金（憲章）、郭（如嵩）、閻（愈豐）等部。其外圍則有朱（德）、彭（德懷）、趙（承綬）、侯（肇新）等部。當戰事緊急之際，閻司令長官，特委趙（承綬）司令負統一指揮之責。

四、作戰經過

　　自九月中旬起，平漢、正太、同蒲、平綏各路之敵，開始蠢動，二十五日雙方在邊區東面之阜平縣境，發生戰鬥。二十五日盂縣之敵四千餘北進，靈、廣、渾、應一帶之敵八千餘南下，經我軍分頭堵擊，暫時相

持。十月一日，忻、定之敵七千餘，分三路向五台進犯，我軍於滹沱河畔，消耗敵力後，即縱之深入，二日台城被陷。此後敵即分途竄擾，迭經我軍猛襲，損失極鉅。十九日後，我各部隊積極反攻，以「合擊、夾擊」戰法，殲滅敵人。十一月初旬敵勢不克，大部撤退，僅留少數步隊，困守三、五據點。是役前後月餘，敵動員四、五萬，傷亡六、七千人，於我邊區政權，未減毫末，說者咸歸功於我軍政民合作之力，信然。其經過詳情如下：

（1）放棄台城，縱敵深入

進犯五台之敵，其唯一目標，在佔據台城，摧毀我邊區政治中心，故我方即針對此種陰謀，而予以打擊。九月下旬，敵各路並舉，分途躍進。尤以西南兩路之聲勢為大。正太路盂縣之敵於九月二十五日北犯，經我聶（榮臻）部趙、熊兩支隊在柏蘭鎮、下耿莊間血戰四晝夜，將其包圍。忻縣、定襄之敵七千餘，係山崗師團之左琦旅團及里澤警備隊，於十月一日，分由下零村、李莊、雀家莊三路會犯五台。初我金（憲章）師及郭（如嵩）、閻（愈豐）部據滹沱河右岸，在定襄之王進村一帶猛烈抵抗，敵用汽車數輛向我陣地噴射大量毒氣，並以飛機十數架，野山砲十餘門，密集轟炸，我士兵受毒者甚眾。旋因消耗敵力之目的已達，乃依照原定計畫，分別撤至滹沱河兩岸山地，伺機攻襲。敵冒險深入，二日辰

22　　閻錫山故居所藏第二戰區史料 **第二戰區抗戰要役紀（下）**
Historical Documents of the Second Theater in the Yan Hsi-shan's Residence
The Main Campaigns of the Second Theater in the Second Sino-Japanese War - Section II

陷河邊、東冶、建安等村，當晚竄入五台縣城。
時我沿途各村，以及台城居民，咸遵空室清野之
計，盡行遷避，敵至一無所獲，荒野空城，徒增
其勞頓之感，士氣愈益不振。

（2）到處伏擊，殲滅敵人

敵陷台城後，復分途竄擾，先後佔據聖家堡、石
咀、台懷鎮等地，欲遂行其掃蕩工作。不料我
軍佈置周密，運用靈活，每出不意，猛予襲擊，
總計匝月以內，敵少者三、五十人，多者數百為
群，被我殲滅者，屢見不鮮。其著者如：十月
十五日柏蘭鎮之役，敵軍千餘，由盂北進，被
我聶部包圍於狹溝之內，前後夾擊，斃敵六百餘
人，其聯隊長□□亦當場斃命。十九日石咀之
役，敵軍千餘，遭我伏擊，傷亡百餘，倉皇潰
退。十一月四日河口之役，敵五百餘向高洪口進
犯，經我賀師一部，預伏於山溝周圍，俟其經
過，猛烈射擊，敵聯隊長以下所有官兵，幾盡數
被殲。我共獲步槍三百餘枝，輕重機關槍三十餘
挺，大小砲六門，戰馬百數十匹，於諸役中，最
稱勝利。

（3）敵受巨創，狼狽撤退

初由東北兩路進犯之敵，經我八路軍賀部在阜平
及廣靈間之直峪口，一再截擊，始終未達到邊區
中心。其侵入五台者僅五、六千人，經我屢次圍

殲，傷亡極重。十月十九日，我軍連克台懷、石
咀、柏蘭鎮等重要據點，敵氣頹喪，已陷進退維
谷之境。時我同蒲西面之趙（承綏）部，繁峙方
面之侯（肇新）部，均逐漸向東南壓迫，五台境
內，潛伏之各部隊，更積極活動，敵內外交通，
益感不便。十月稍，開始撤退，一路經東冶向忻
縣退去，一路經宏道鎮向崞縣退去，僅五台城及
東冶、河邊等巨鎮，各留數百人，憑工事據守，
其餘廣大之領域，仍復歸我控制，敵之進攻計
畫，於此完全失敗。

（三七）寧武附近戰役

27 年 11 月 7 日至 12 月中旬

一、敵犯寧武之企圖

同蒲鐵道北段，以寧武至陽方口間之工事為最艱鉅，其位置亦極關重要。廿七年春，敵犯偏、保失敗，四月一日我軍乘勝收復寧武。數月以來，常據此以襲擊忻、崞、朔縣之敵，且使太、同間之鐵道，無由修復。十月中，敵犯五台受挫，退集大軍於忻、崞等縣，意在奪取寧武，完成同蒲北段交通，以便轉移兵力，實現其掃蕩我西北邊陲之迷夢。閻司令長官，早料及此。因於十月十一日電傳（作義）、鄧（寶珊）、楊（愛源）、孫（楚）各總副司令，指示方略，特令趙（承綬）、賀（龍）、續（范亭）、杜（文若）等部在楊方口、利民堡一帶，妥為佈置，扼要固守，並以騎兵利用機動，截擊敵側，時時形成包圍勢態。果不逾月，而敵即大舉向寧武進犯。

二、寧武城之放棄

十一月七日，崞縣、原平之敵五千餘在飛機四架掩護下，一部由上陽武（原平西北），主力由咸陽村（崞縣西北），分兩路，以寧武為目標，向廟嶺、梁紅池（均在軒崗東北）進攻。經我趙軍白（儒清）師在軒崗東之上馬圈、石灘一帶迎擊，敵以優勢砲火及毒氣猛攻，激戰一晝夜。八日晚，軒崗陷入敵手。是日早朔縣

26 閻錫山故居所藏第二戰區史料 **第二戰區抗戰要役紀（下）**
Historical Documents of the Second Theater in the Yan Hsi-shan's Residence
The Main Campaigns of the Second Theater in the Second Sino-Japanese War - Section II

南之敵，一部據梨元頭向我梵王寺及陽方口陣地砲擊。
一部千五百餘挾砲廿餘門，分向陽方口、大水口進犯，
當與我傅軍董師（其武）發生激戰。九日陽方口被敵突
破，我寧武守軍，初據城北山地抵抗，既而城東北隅失
陷，乃在城內巷戰半小時後撤出，寧武遂再被陷。軒崗
方面，我軍自轉移陣地後，以白師孫團控置於軒崗西北
之劉家梁一帶，武團繞至龍宮村附近，襲擊敵後，李、
續兩團主力進至段家嶺、三張莊以東地區。十日敵向我
段家嶺陣地猛犯，我續、李兩團據險奮擊，俟敵逼近，
則以手擲彈相投，敵倒斃於山谷間者，不下二百餘人。
旋因我右翼受敵壓迫，不得已轉至張家嶺以西地區，繼
續襲擊。

三、敵掩護築路步隊之受創

敵據寧武後，以三、四千之眾，分佔各據點，構築
碉堡，安設電網，掩護工人，積極修路。我軍則潛伏於
寧、朔之間，不斷襲擾，破壞其建行。敵為肅清附近我
軍，曾於十一月十六日，一度攻入神池縣城，經我卅
五軍董（其武）師郭團反攻，敵遺屍數百，當日仍竄回
寧武。我軍繼續追擊，於廿五日將陽方口車站敵百餘，
悉數殲滅。至我趙（承綬）部，則進出於寧武、軒崗附
近，多方襲擾，總計月餘之間，先後在神山村、瓦窰、
上下馬圈、焦家寨等地，斃敵達五百以上。尤以瓦窰一
役我楊排長率部數十殲敵數百，雖以身殉，而敵膽為
寒。十二月中旬，敵之築路工程，幸告完成，惟其掩護
步隊，仍未敢稍減云。

（三八）稷王山戰役

27 年 12 月 5 日

　　條山之北，汾水之南，沿黃河東岸地區，田疇彌望，廣袤數百里，皆係平原。惟稷王山，兀然特立，盤據於聞、萬之間，曲紆險阻，周圍百數十里，為一天然之游擊根據地。廿七年秋，敵軍再陷風陵渡，蒲屬各縣，悉被蹂躪，我中條山及呂梁山部隊，格於地形，未能靈活運用，以致敵偽漢奸，大肆活動，汾南政權，岌岌可危。閻司令長官特令二〇五旅旅長徐積璋兼第七區保安司令，賦以保衛汾南各縣政權之責。徐旅長率部渡汾，即以稷王山為根據。時敵正積極修築同蒲鐵道，及萬泉至猗、臨、安、運間之公路，徐部時出襲擊，加以破壞，且對敵偽政權，摧毀不遺餘力。敵苦之，屢調集臨近駐軍，數面圍攻，均失利而退。十一月初旬，夏縣、安邑之敵八百餘，分由曹張、洪芝驛向稷王山進犯，被我請之於山麓，猛加攻襲，敵傷亡四、五十名，仍竄回原處。自此敵知稷王山之未可輕悔也，嫉之深，圖之愈急。十二月初，敵將大舉犯我吉鄉中心區，其南路則懼徐軍之躡其後，遂先作肅清稷王山計。十二月五日，敵集結安邑、河津等五縣兵力，約五千餘，附砲十四門，由高橋司令統一指揮，分八路圍攻稷王山，是日早二時，河津、新絳之敵，一路千餘，先在萬泉之漢薛村東與我警戒部隊接觸，激戰至拂曉，山之東南北三面，各發現敵軍千餘，以熾盛砲火，蠭湧躍進。斯時我

28　閻錫山故居所藏第二戰區史料 **第二戰區抗戰要役紀（下）**
Historical Documents of the Second Theater in the Yan Hsi-shan's Residence
The Main Campaigns of the Second Theater in the Second Sino-Japanese War - Section II

軍以千餘之眾，當數倍之敵，雖眾寡懸殊，而奮勇莫
當。徐旅長身先士卒，沉著應付，不幸於八將門督戰之
際，忽為敵砲所中，壯烈殉職。餘部繼續衝殺，當晚突
出重圍，敵亦傷亡過重，分道退去。是役敵指揮官高橋
以下傷亡者不下二百餘人。

（三九）第二次吉鄉戰役

27 年 12 月 24 日至 28 年 1 月 10 日

一、吉鄉中心區之形勢

廿七年春敵八路圍攻吉縣被我粉碎後，閻司令長官親駐該處，以次收復汾西各縣，利用呂梁山脈之複雜地形，東扼黑龍關，西倚黃河，南控汾河，北連中、離，於晉西南隅建立堅固之根據地，與敵相持。爾後二戰區之軍民政令以及有關抗戰之種種設施咸由此發動滋大，播及全境，使敵進退維谷，一籌莫展，且牽制六師團以上之兵力。二戰區因有華北堡壘，西北屏障之稱，而吉鄉區更無異此堡壘中之核心也。

二、敵再犯吉縣之企圖

十月末，廣州、武漢相繼放棄，我全國戰局，轉入第二時期，敵之作戰計畫，側重華北，亟思西渡黃河，據西安以窺甘肅，藉以截斷我西北國際路線。惟以晉綏兩省，橫阻其間，未敢冒然深入。乃迭向二戰區內增調重兵，加緊其所謂掃蕩工作。無如我各處游擊根據地，均極堅固，敵屢次出動皆蒙鉅創，遂思包圍吉、鄉，撼我中心，圖僥倖於萬一。且以吉、宜之間，冬季河凍，欲乘機西犯，由陝北以拊西安之背。於是決定圍攻計畫：

（1）東面以臨汾為根據地，向蒲縣、大寧、襄陵進攻。

（2）南面以河津為根據地，分兩路前進。一路東攻禹

30　閻錫山故居所藏第二戰區史料 **第二戰區抗戰要役紀（下）**
Historical Documents of the Second Theater in the Yan Hsi-shan's Residence
The Main Campaigns of the Second Theater in the Second Sino-Japanese War - Section II

門，企圖渡河；一路北攻樊村、固鎮、三堠，與東面之敵會攻吉縣。再轉而西向，以趨馬糞灘、龍王辿、小船窩各渡口，企圖渡河。

（3）北面以汾陽、孝義、中陽為根據地，進攻永和關、辛關，企圖渡河。

三、我方戰略與部署

　　閻司令長官鑒於過去陣地作戰，敵得盡量發揮其火器威力，與我方損傷之重大，為支持長期抗戰，爭取最後勝利計，特倡「民革戰法」，以資對抗。民革戰法之要義，在以軍政民化合之力，本「不失機，不吃虧，集中優勢兵力，專打少數敵人」之原則，機動運用，時時保持主動地位，以攻擊敵人者也。古賢高級將領會議時，閻司令長官，即以斯義，諄諄昭示諸將，並調集中下級軍官而訓練之。因有柳林、五台，諸役之勝利。吉鄉戰役，仍本斯旨，且更加深密精遵焉。十一月中，閻預料敵必於冬季來犯，因擬定作戰計畫，密為部署，劃定軍區，賦各部以專責。其佈置如下：

（1）南區軍
　　　總指揮陳長捷，指揮六十一師、彭毓斌師、杜春沂師、田樹海旅、崔道修隊、郭德欽團、郎春生團、砲廿四團主力。

（2）中區軍
　　　總指揮陳光斗，指揮決死第二縱隊（欠游擊第五團）、決死第四縱隊（欠第十總隊）、政治保衛隊、工人武裝自衛隊，砲廿七團主力。

（3）北區軍

　　總副司令楊愛源、孫楚，指揮王靖國軍（欠郭德
　　欽團）、郭宗汾師、賀龍師、傅存懷部、陳興
　　邦部、續範亭部、趙承綬軍，附杜文若、白生成
　　部、砲廿八團。

（4）司令長官直轄部隊

　　決死第十總隊、決死游擊第五團、決死游擊第
　　十二團。

（5）作戰地境

　　馬闡關、大寧縣城、午城鎮、克城鎮、趙城縣城
　　之連線，含以南，屬南區軍。

　　辛關、石樓縣城、郭家掌、孝義縣城之連線含以
　　南，屬中區軍。以北屬北區軍。此種佈置，無異
　　天羅地網，誠所謂「敵來正好」也。

四、作戰經過

　　敵進犯吉鄉中心區之謀，蓄之既久，我方亦嚴加戒
備，十二月初，稷王山之役，即為南路戰事之發端。
十二月下旬，敵始大舉深入。自東北南三面，動員二萬
餘人，飛機十餘架，分九路向吉縣會犯。我軍一本預定
計畫，先為空室清野，繼以「正面軟頂，側面硬打」誘
之深入。截至卅日，我軍先後放棄蒲、大、鄉、吉等
縣，潛伏於山地要口。閻司令長官亦轉至敵後督戰，廿
八年元旦，下令總攻。敵自知身陷重圍，急行退卻，我
伏兵四起，到處襲擊，旬日之間，斃敵千餘，並克復所
失各縣，恢復戰前狀態。此後敵望呂梁，即為興嘆，蓋

32　　閻錫山故居所藏第二戰區史料 **第二戰區抗戰要役紀（下）**
Historical Documents of the Second Theater in the Yan Hsi-shan's Residence
The Main Campaigns of the Second Theater in the Second Sino-Japanese War - Section II

其痛感深也。茲述其經過詳情於後：

（1）敵軍冒險深入

敵之進犯吉縣鄉也，以東南兩路為主，北路為策
應。東路之敵約三千餘，於廿六日經臨汾西北
之土門，分二股西犯。一股沿臨蒲公路南側，一
股沿臨蒲公路北側，當晚會陷黑龍關。另一股由
襄陵攻峪里，企圖北會黑龍關之敵，共向蒲縣進
犯。我陳（長捷）部梁師之張、任、婁等團，初
在臨蒲公路之田村、紅溝梁道上及岔口、南灣里
等地，屢行截擊，斃敵甚眾。廿七日我郭團復在
公路西側之化樂鎮伏擊，予敵重創，其由襄陵北
犯者，經我谷團痛擊後，由郭家莊迂迴犯牛王
廟，又被我魏團邀擊於枕頭、南坡池等處，狼狽
北竄，與黑龍關敵會陷蒲縣、午城，進窺大寧。
南路之敵約五千餘，砲十餘門，廿三日起分道北
進，一股二千餘犯樊村、固鎮、西塏口，經我彭
（毓斌）師迎擊，先後轉戰於百崖灣、劉西咀、
寺原上、嶺上、寺塔、林山廟及涼泉、張馬等
地，廿八日迫近鄉寧。一股犯東禹門，在龍門山
左側與我馮（欽哉）軍工兵營，激戰一晝夜，於
廿七日竄至師家灘。北路之敵約四千餘，一股於
廿六日進至暖泉西方之沙塘附近。一股由大麥郊
進抵水頭，逐漸向隰縣與石樓之辛關進迫。經我
傅（存懷）師與八路軍之一部沿途襲擊，未能猖
獗。廿九日，我以沿途消耗敵力之目的已達，為

完成圍殲計畫，當即放棄鄉寧、大寧，潛伏各部隊於山地。卅一日鄉寧、師家灘、大寧之敵，先後侵入吉縣及馬鬥關。廿八年元旦，吉縣之敵更西竄馬糞灘、龍王辿、小船窩，試探渡河，經我河西部隊砲擊，蟄伏河谷，未敢輕動。

（2）閻司令長官轉入敵後指揮

當敵大舉進犯之際，故張聲勢，眩惑人心，其飛機更不斷偵炸，擾亂後方，閻司令長官駐節吉縣，處之泰然。每日除指揮軍事外，並對各訓練班照常講話，不稍間斷。廿八日敵前鋒迫鄉寧，左右有以西渡為請者，閻不應，從容鎮定如故。廿九日吉縣已陷於南北被圍狀態，始令司令部與省府移駐河西，己則輕裝簡從，向敵後轉移。時值嚴冬，積雪盈尺，加以山路崎嶇，食宿維艱，閻司令長官驅馳於冰天雪地之中，反意氣豪邁，精神奮發，大有滅此朝食之慨。廿八年元旦抵五龍宮，即下令總攻。

（3）我軍總攻與敗敵

敵軍深入後，歷遭沿途我軍之截擊、伏擊，比達吉縣消耗殆半。其竄抵河岸者，復被我河西砲兵襲擊，困頓於荒谷之中，進退失據。五龍宮總攻令下，我各部隊同時並舉，競起殺敵。陳（長捷）軍主力向大、蒲，一部趨吉縣。杜（春沂）師向吉縣，彭（毓斌）師向鄉寧，各以迅雷之

34

閻錫山故居所藏第二戰區史料 **第二戰區抗戰要役紀（下）**
Historical Documents of the Second Theater in the Yan Hsi-shan's Residence
The Main Campaigns of the Second Theater in the Second Sino-Japanese War - Section II

勢，與敵搏鬥。敵所到之處，空無人煙，飲水食
糧，咸感困難。加以朔風凜冽，飢凍交加，而後
方交通，又被截斷，遂急行撤退。初經我軍在人
粗山、管頭山、三堠等地，猛烈襲擊，敵斃傷極
眾。既而退據各縣城，圖思頑抗。又經我軍數面
圍攻，激戰數日，敵勢不支，乃於七日棄大寧，
八日棄吉、蒲，向臨汾、鄉寧潰退。其由蒲縣退
出者，途經木瓜梁，被我預伏之砲兵一連猛襲，
敵驟不及防，傷亡數百。繼又被我追擊於南曜、
牛王廟、圪台頭等處，斬獲尤眾。其由吉縣退據
鄉寧者，經我軍壓迫，於九日棄城南竄，至西峪
口，與我彭師伏兵相遇，激戰數日，傷亡達九百
餘。至此吉鄉中心區之內圍，遂告肅清。北路方
面，我王（靖國）軍乘虛向李家灣進攻，連佔敵
碉堡十餘，斃敵數百。河津方面，敵軍三千餘，
飛機十餘架，於一月八日猛犯東禹門，與我軍激
戰一晝夜，該地失而復得。至此吉鄉中心區之外
圍，亦告安定。敵之圖謀，完全失敗。呂梁山
麓，依然歸我控制。

五、此次戰役之影響

　　吉鄉戰事緊急之際，正汪精衛發表豔電響應近衛聲
明之秋，奸人囂張，壯士氣短，全國抗戰形勢至為黯
慘。經次戰役，不但敵氣為奪，即我全國人心，亦為之
一振。至於華北各地，尤為興奮，故其所予敵軍事上之
打擊，尚不如政治上之影響為大也。

（四〇）中條山戰役（四）

28 年 1 月 23 日至 2 月初旬

　　廿七年九月間，敵掃蕩中條山之計畫失敗，邇後月餘，夏、運、解、虞以南各隘口，因我軍不斷襲擊，時有小接觸，但彼此均無若何進展。敵乃積極修築山北交通，加強據點工事，與我相持。十一月初，解縣敵二千餘，集中砲火，使用大量毒瓦斯，分三路由范家崟、墩台嶺、廿里嶺向我李（興中）軍一五六五七高地及馬家嶺陣地猛撲，步兵更番突進，我軍奮勇接戰，肉搏數次，陣地一度失守。同時運南大小李村之敵千餘，向我黃龍嶺孔（從周）旅陣地進犯，經我軍沉著應戰，敵未得逞，乃轉而西向，威脅我李（興中）軍側面。永濟、虞鄉之敵，亦各沿山竄擾，意在分我兵力。我軍始終採取機動戰術，靈活運用，不黏著於一地，但每退一處，必索取一處之代價而後可。各敵雖連攻數日，占我山頭多處，其兵力則損失不貲。十一月中旬，我軍反攻，以次收回所失各陣地，且進迫解縣。敵惴惴自守，此後戰況復稍沉寂。廿八年初，敵既受創於吉鄉，羞憤之餘，不自度量，悉集三角地帶之殘部，妄思逞於中條山，因之演成第四次中條山會戰。

一、敵軍之分路進犯

　　一月廿四日起，敵二十師團之七七、七八、七九等聯隊及臨、永一帶之偽皇協軍數千，分由廿里嶺（解縣

36

閻錫山故居所藏第二戰區史料 **第二戰區抗戰要役紀（下）**
Historical Documents of the Second Theater in the Yan Hsi-shan's Residence
The Main Campaigns of the Second Theater in the Second Sino-Japanese War - Section II

南）向西，清華鎮（虞鄉東）向南，蒼龍峪（永濟東南）及風陵渡向東，同時進犯。運南之張村、曲村亦有敵軍千餘，乘機蠢動。我孫軍團長督率各部，猛烈抗拒，血戰經旬，卒予敵以嚴重之打擊。

二、蒼龍峪附近之戰

永濟韓陽鎮、六官村一帶之敵，約二千餘，於一月廿四日辰分三路犯我條山西端陣地。一路五百餘，砲七門，由六官村向蒼龍峪進攻；一路四百餘。砲三門，由王家山，經龍王嘴向桃坡進攻；一路三百餘，由東章村左側向江口進攻。並以飛機兩架，協助作戰。我王（鎮華）旅，與之激戰終日，傷亡慘重，蒼龍峪、桃里坡、江口各陣地，先後被迫放棄。至晚敵復繞道向東推進，企圖對我造成包圍形勢，我以眾寡懸殊，轉移至王家坪、東西傅家山、張家山一帶，相機出擊。

三、芮城之三次被陷

解縣敵二千餘，附山野重砲廿餘門，飛機六架，由岡田司令指揮，於廿三日早七時向我一五八一七高地、磨凹及東西峪村進犯，我守軍李興中部之五三〇旅，抵禦半日，損傷殆盡，暫撤至頂家山、郝家口一帶，與之對峙。當晚我援軍趕到，實行反攻，當將日間所失陣地，完全恢復。廿四日，廿里嶺之敵千餘，沿山西進，經我軍在朱陽村迎擊，雙方傷亡均重。敵一股乘機南犯，於廿五日，侵入芮城，時我楊（覺天）旅，奉命由東進擊，未及達到而城已陷，乃駐城東北附近，

與敵相持。

四、王官峪玉泉寺之血戰

敵陷芮城後,即與山南東犯之敵相會,條山西端,遂陷於敵軍四面包圍之中,初我王振華旅在永濟蒼龍峪一帶,受韓陽鎮優勢之敵壓迫,激戰三日,逐向西移,於廿七日達到虞鄉之五老峯、王官峪、玉泉寺等地,廿八日,敵五、六千,由東西南北四面,對我王旅包圍猛攻。當在王官峪、九龍山、玉泉寺、水峪、風伯峪、塔兒原、五老峯各等地展開血戰。敵砲火密集,各路並進,我軍拼死抗拒,憑險衝殺,終以眾寡懸殊,陣地被截為數段,王旅長率部由玉泉寺衝至山北,經虞鄉、臨晉而達聞喜,向敵後襲擾,是役斃敵露營司令以下官兵數百人。

五、山南敵軍之肅清

竄抵山南之敵,立足未定,經我楊(覺天)旅,由東面迎擊,敵倉皇西竄,一月杪,芮城附近,即告肅清。時解南馬家嶺、磨凹等地,業被我軍克復,張店南犯之敵亦被我痛擊回竄,玉泉寺激戰結果,敵我傷亡均鉅,故截至二月初旬,敵已精疲力盡,無能為力,加以我空軍連次出動,協助作戰,敵情勢愈為不安。紛向山北潰竄。旋又故張聲勢,宣稱渡河,實不過掩飾敗績,自欺欺人而已。

（四一）和遼戰役

28 年 1 月 22 日至 2 月中旬

　　和順、遼縣位於太行山西麓，正太鐵路以南，屏藩上黨，箐轂晉冀，山西東部一重鎮也。太原陷後，正太鐵路為敵東西連絡之唯一路線，所有兵力之轉運，軍實之補給，咸賴於斯，故其保護也，極為周備。但其北西之盂縣，五台南面之和順、遼縣常在我軍控制下，時出不意，予以破壞，並殲其守衛。故正太沿線，敵雖以一旅團以上之兵力駐守，仍不免有時中斷也。

　　廿七年終，敵對第二戰區之掃蕩工作，日趨積極，我軍對正太線之襲擊，亦特別加緊，醞釀既深，卒成大戰。廿八年一月中旬，敵集中於平定、昔陽者達五、六千人，以第十一師團之合蕭國光旅團為主力，自廿二日起，分道南犯。意在誘我軍主力於和、遼附近，然後由道清路向晉城，平漢路向黎城，一舉而撼動我晉東南之根據地。時我軍之在和、遼者為決死一縱隊與劉（伯承）師之一部，為避免包圍，爭取主動，首將交通要道，澈底破壞，繼而曉諭百姓，蓋藏食糧，使敵至一水一火，無所取給，然後困而殲之。其犯和瑞也以三路，中路約七、八百人沿昔和公路前進；左路約八、九百人，取道川口，直趨牛川（和順東北）；另一路千餘由東冶頭鎮南下。我軍沿途截擊，先後創之於北李陽村、關帝廟附近，及紫羅、皋落等處，於廿四日放棄和順縣城，分據城郊山地，以相牽制。廿七日敵由正太線陸續

40 ｜ 閻錫山故居所藏第二戰區史料 **第二戰區抗戰要役紀（下）**
Historical Documents of the Second Theater in the Yan Hsi-shan's Residence
The Main Campaigns of the Second Theater in the Second Sino-Japanese War - Section II

增到者，一旅團有餘，復以四、五千眾，南犯遼縣。同
時冀南豫北之敵亦調動頻繁，窺伺黎潞。我軍一本既定
方略，鎮定應付。廿八、廿九兩日，在西仁村、寒王
鎮、丰垛鎮，猛烈阻擊，斃敵二百餘。其另一支繞松煙
鎮南下者，復經我軍截擊於拐兒鎮，前後關溝及栗城等
處，予以打擊。卅日，各路之敵，齊迫遼城，以密集砲
火轟擊。我軍於消耗敵力後，即撤伏城郊。翌晨，乘其
不備，猛烈逆襲，敵張皇失措，奪路北竄，遼縣復為我
有。嗣經我沿途預伏部隊，節節襲擊，截至二月二日，
共斃傷敵兵二千餘。殘部潰竄和順駐城困守。經我繼續
掃蕩，至十五日，亦不支北退。途經中川村遭我劉伯承
部伏擊，又傷亡四、五百，至此平漢線之敵，亦不敢輕
動，晉東南賴以安定。

（四二）浮山安澤戰役

28 年 2 月 17 日至 3 月 28 日

一、浮山安澤之位置

廿七年夏，我軍收復浮山、安澤後，即以決死隊之
顏天明部及獨立八旅、田樹海旅先後移駐其間。北與霍
山南面之高桂滋部，南與臨汾之陳長捷部，保持聯絡，
西與汾西之崔道修部互相策應，一面擔任汾、洞、趙間
之鐵路破壞，一面襲擊過往之敵軍，其特殊作用，則在
鞏固晉東南我軍之游擊根據地，蓋由安澤向東北，可經
沁源達沁縣，以接於白晉公路。由浮山東南下，可經沁
水，控制晉翼公路，直搗晉城。故二縣之位置，時上黨
西面之門戶也。

二、浮山安澤之再陷

翼城、臨汾及洞、趙之敵為保持同蒲路東側安全，
準備大舉圍攻潞澤計，於廿八年二月中旬，向浮山進
犯。十七日敵一部七、八百人，砲五門，由臨汾東進，
經我田樹海旅在上陽、官高一帶截擊，激戰終日，斃敵
數百。同時翼城之敵千餘經鄭莊北上，我顏天明部沿途
伏擊，以眾寡懸殊，未能阻遏。十八日晨兩路敵相會，
共千六百餘人，分四路向響水河、蘇寨猛犯，我軍分頭
迎擊，戰況甚烈。十九日，我迂迴部隊，向敵預備隊突
襲，敵頓挫之餘，罔顧國際公法，放射催淚性瓦斯，致
我損失稍重。入暮浮山縣城因以不守。廿二日洪洞敵千

42

閻錫山故居所藏第二戰區史料 **第二戰區抗戰要役紀（下）**
Historical Documents of the Second Theater in the Yan Hsi-shan's Residence
The Main Campaigns of the Second Theater in the Second Sino-Japanese War - Section II

餘分三路東犯安澤，經我劉（伯承）師一部阻擊，相持
兩日，廿五日敵又由洪洞、霍縣增援千餘，會向東犯，
當晚我軍撤出城外，以機動之戰術，困圍敵軍。

三、我軍反攻浮山安澤

敵陷浮、安後，積極徵發糧秣，輸送彈藥，圖東向
續犯。我軍初據守兩縣以東山地，伺機襲擊，屢截獲其
運輸車輛，並殲其小股掩護步隊。三月一日，安澤敵千
餘侵入古陽，圖犯沁源。經我梁述哉部連次襲擊，越日
仍竄回安澤。二日浮山敵增至四千餘，以一部侵入大口
河，續向沁水進犯。我田旅及劉（戡）軍一部，協力堵
擊，七日與敵七百餘激戰響水河，斃傷敵四百餘。自此
我軍轉取攻勢向浮山縣城猛進。十日敵援軍達到，又復
東犯，經我軍奮勇衝殺，十七日克復縣城，進迫安澤。
十九日敵二千餘反攻，經數日激戰，廿三日浮山復陷敵
手。時我軍氣奮發，爭效前驅，廿四日在大郎山激戰一
晝夜，斃三百餘。廿六日又在席家園，殲敵七百餘，於
是追北逐奔，勢如破竹，廿八日一度克復兩縣城。旋敵
又增援反攻，我軍再退城郊，此後即入於圍監狀況。

（四三）霍山附近戰役

27 年 11 月至 28 年 3 月

一、霍山之位置與形勢

太岳山脈，縱列於汾河右岸，西望呂梁，東連太行，其主峰位於靈、霍之間，雄偉險峻，橫阻南北。名曰霍山。由霍縣北上，經仁義鎮，越韓侯嶺以達靈石，上下約百里為古大道，嶒嶝崎嶇，夙稱艱險。由霍縣西迂經南關鎮，沿山傍河，繞行深谷，為公路、鐵路所經，雖較平坦，而狹隘曲紆兵家所忌。敵自來守平陽者必據霍縣，保河東者須扼霍山，隋末宋老生之拒唐兵即其先例也。

二、我軍扼據霍山予敵之創痛

廿七年夏，我高桂滋軍全部，奉命移駐霍山，以破壞同蒲鐵路阻敵南下之任務，活動於介休、趙城間。時值晉南戰事緊急，太、汾間敵之軍運極繁，高軍北據靜昇鎮，南據楊家莊（霍縣東），常以游擊小組，出沒於同蒲鐵路附近，或拆毀其橋樑路軌，或襲擊其車站守衛，或伏兵狙擊，或埋置炸彈，數月之內，斬獲良多。如九月廿二日南關鎮之伏擊，殲敵百餘；十一月七日，在內封村（介休西）設伏，俘敵鈴木隊長以下數名，乃其尤著者。以是介、靈、霍、趙之敵，恒被牽制數千，未敢輕離。

44 | 閻錫山故居所藏第二戰區史料 **第二戰區抗戰要役紀（下）**
Historical Documents of the Second Theater in the Yan Hsi-shan's Residence
The Main Campaigns of the Second Theater in the Second Sino-Japanese War - Section II

三、敵屢犯霍山之失敗

　　霍山我軍予敵之創痛既深，故敵時思有以報復之，惟以力有未逮，僅常作虛聲。一經我軍反攻，又復消聲匿影，不敢輕越雷池一步。以是雙方對峙之日多，而劇戰之次少，襲擊伏擊之舉，日必數見，而較大之戰鬥。總計不過四、五次而已。茲擇其著者，分述於後：

（1）楊家莊之役

　　27 年 11 月 19 日至 23 日

　　武漢會戰終了後，敵增兵晉綏，加緊掃蕩工作，於南則中條山，於北則五台山，皆被我軍粉碎。十一月中忽又向霍山南麓進犯。初霍縣駐敵不過數百，十一月中旬突增至二千餘。十九日晨以步騎五百餘，由縣城東犯進佔趙家莊、大張村附近。廿日更大舉分三路東犯，北路約二千餘，山野砲十餘門，沿霍東大道以北，進至源頭、鴨底附近。中路約五百餘，沿霍東大道進至下樂平。南路約二百餘由紅岸堡向青瑕平附近擾亂。我岳團受優勢之敵壓迫，且戰且退，敵以次侵入杜蘇、石鼻、峪里等村，隨即共向南面之關家山進攻，傍晚又轉至楊家莊東北高地，與我高旅激戰。旋敵愈增愈多，砲火猛烈，我陣地多被摧毀，楊家莊因以不守，未幾我李旅任、艾兩團趕至從側襲擊，我高旅岳團奮勇反攻，激戰至廿一日午敵不支向西潰退，我軍乘勝追擊，復在上下王村及韓壁、李曹激戰終夜，廿三日殘敵突圍西

竄霍威，是役共斃傷百餘，獲軍用品甚多。

（2）靜昇鎮之役

28 年 1 月 23 日

靜昇鎮位於霍山北麓，當靈石、介休之中間，往者為晉南公路所經，距同蒲線僅廿餘里，我霍山北面之游擊據點也。廿八年一月廿三日介休、靈石之敵共約一千二百餘，山砲六門，分由焦俊村（介休南）、蘇溪村、東西梧桐（靈石東）向我靜昇鎮一帶進犯。我高（桂滋）部李旅為向敵後側擊計，當令艾團一部集結軍寨附近，主力西進至紅崖村一帶，放棄靜昇，縱敵深入。迄午敵先後侵入靜昇、樂亭附近。我各部便衣隊即分向敵側後進襲。艾團馬營協同八路軍李營向東西梧桐，邵營向靜昇之敵猛攻。激戰一小時，敵不支，分向義棠、靈石回竄，復經我預伏於南家山、水峪附近之胡營截擊，敵狼狽退回城內，是役斃傷敵四十餘人。

（3）沙窩里之役

28 年 1 月 28 日至 31 日

楊家莊戰後，霍山我軍，聲勢愈壯，對靈、霍之敵，大舉出擊，曾在大張村及觀音閣，斃敵三十餘人。一月下旬，敵由南北兩路增集於霍城者，達三千人，谷口師團長並於一月廿七日親至霍縣指揮，作再度肅清霍山我軍計。廿八日敵以千餘

46　閻錫山故居所藏第二戰區史料 **第二戰區抗戰要役紀（下）**
Historical Documents of the Second Theater in the Yan Hsi-shan's Residence
The Main Campaigns of the Second Theater in the Second Sino-Japanese War - Section II

之眾，首向霍城東南之沙里窩進犯，經我高（桂滋）軍艾團迎擊，斃敵百餘。次日敵得援續進，向沙里窩以東高地發射毒瓦斯彈百餘發，我官兵中毒者五十餘人。然猶奮勇進擊，不稍退卻，迄午後更由兩翼迂迴，在孔澗、劉家莊一帶與敵反復肉搏，激戰終夜，卅一日晨，敵傷亡百餘，竄回霍城。

（4）敵再犯楊家莊

28 年 2 月 1 日至 8 日

敵在沙窩里既未獲逞，二月一日晨乃傾霍城之敵，步騎約三千人，挾砲十門，在矢野旅團長指揮下分三路東犯。北路約千餘由靳壁、杜莊向我右翼石鼻迂迴。中路約五百餘由下樂坪東犯。南路約千餘，經上樂坪、韓壁向我左翼包圍。我高旅岳團分在源頭、羊棗、韓壁伏擊，斃敵甚眾。午刻北路敵藉砲火掩護，先後侵入石鼻、窰底各村，午後二時，各路敵集中砲火向我南堡、關崖底、楊蛋坪、劉家山一帶砲擊，並發射大量窒息催淚毒瓦斯，我軍略向後轉移，據峪里、王家里、關崖底、小澗以東各地，沉著抵抗。三日早敵復藉猛烈砲火，向我楊家莊一帶進攻，該地一度失守。旋經我乘其立足未定，三面圍攻，激戰兩小時，楊家莊又被恢復。四日霍縣敵千餘前來增援，我李旅楊營及岳團一部迎擊之於范村附近，敵機二架及山野砲多門助戰，勢頗兇猛。迄

午，楊家莊再陷敵手，我高旅軍士訓練班地址及
民房數處，咸被焚燬。未幾，我援軍趕至，再行
反攻，激戰時許，敵不支西潰，楊家莊復為我
有。我軍積極西迫，敵仍據社蘇、南堡頑抗，此
後雙方遂成相持狀態，統計連日以來，共斃傷敵
二百餘人。八日晚我高旅全部向霍城附近，及辛
置之敵施行總襲，敵驟不及防，損傷奇重。霍東
我軍之游擊隊根據地，從此愈益鞏固。

（5）皂角塢之役

28 年 2 月 23 日至 28 日

敵屢犯霍山南面我軍根據之楊家莊，未獲如願，
二月下旬，復轉向霍山北面之靜昇鎮、霍口、皂角
塢等處進犯，企圖撼我東許村之根據地。廿三日
靈石敵，步騎二千餘，山野砲十八門，分三路東
犯：北路約五百餘，經北王中村向靜昇鎮，中路約
千餘，經樂只堂、燕家嶺，南路約六百餘經田家
莊、胡家嶺，分向我霍口、皂角塢，皆以東許村為
目標。經我高部李旅艾團截擊，當在尹方村（靜
昇鎮西）以北高地及趙家莊、皂角塢附近，發生
激戰。敵藉砲火掩護，數次猛衝，均被擊退，旋施
放大量毒氣，致我中毒多人，靜昇於以不守，但中
南兩路之敵，終未得逞。廿四日，靜昇附近之敵，
續向我寨范塢、鄭家山、霍口等處猛攻，我軍一面
死力守拒，一面繞襲敵側，當將中南兩路之敵，盡
行擊潰，敵傷亡二百餘人，我亦陣亡排長曹新志、

48　閻錫山故居所藏第二戰區史料 第二戰區抗戰要役紀（下）
Historical Documents of the Second Theater in the Yan Hsi-shan's Residence
The Main Campaigns of the Second Theater in the Second Sino-Japanese War - Section II

薛炳文等以下官兵數十人。當晚我艾團強襲靜昇，因敵已架設電網，並以毒氣抵禦，未能得手。廿五日晚我便衣隊一度混入靜昇堡內，投手擲彈二十餘枚，斃傷敵五十餘。故敵雖據靜昇，而張惶恐怖，一夕數驚，轉為我所控制。

（四四）晉西北地區戰役（二）

28 年 3 月 1 日至 12 日

　　汾離公路以北，同蒲鐵道以西，管涔、洪濤、呂梁諸山，蜿蜒盤據，包括十有餘縣，適當晉西北部，故軍事上恒以晉西北地區目之。廿七年春季以還，我軍之分佈於此區內者：計王靖國之第十九軍與郭載陽之第七十一師駐汾離公路左近；趙承綬之騎一軍駐寧、神、嵐、靜一帶；傅作義之第三十五軍與劉奉濱之第一〇一師駐神、偏、河、保一帶；第十八集團軍之賀龍師，常流動於各軍間，策應緩急；此外若續範亭、陳興邦之保安隊，與各專署所屬之游擊隊，合計不下六、七萬人，由西路總司令楊愛源，北路總司令傅作義，分別統率，指揮作戰。敵方經常以第一〇九師之一旅團，守汾離公路各據點；以第一〇九師團一部與第卅七師團一部守同蒲北段各據點。自廿七年四月至廿八年二月，凡十閱月，除偏關、柳林、寧武等役，規模較大外，餘均係局部之襲擊。然此不斷之襲擊，有時竟撲至太原附近，使敵驚慌失措，根本動搖。至於零星損傷，更不可以數計，此敵所大感痛苦，而思有一報之也。二十八年二月下旬敵由各處調集大軍萬餘，附以飛機及機械化部隊作再度掃蕩大西北計。

　　二十八年二月杪，離石、交城、太原、忻縣、崞縣、寧武等處之敵萬餘，飛機多架，由河南師團長統一指揮，以靜樂、嵐縣、方山為目標，分東南北三路進

50

閻錫山故居所藏第二戰區史料 **第二戰區抗戰要役紀（下）**
Historical Documents of the Second Theater in the Yan Hsi-shan's Residence
The Main Campaigns of the Second Theater in the Second Sino-Japanese War - Section II

犯。南路敵由離石北犯，於三月一日陷大武鎮，旋被我
郭（載陽）師誘之於峪口、方山間，夾擊圍殲，並以梁
（浩）旅一部，繞襲其側，敵遭重創，於六日回竄大
武。同時王（靖國）軍乘虛直搗汾離公路，消滅交口、
賀家塔等處之敵三百餘，鹵獲軍實無算。東路敵由交
城、太原西犯，經我陳（興邦）保安支隊與郭（挺一）
工衛隊一部，牽制於西山附近，無法進展。北路敵由
忻、寧西犯，初與我趙（承綬）軍在靜樂東北兩面，錯
綜血戰數日，嗣我為爭取外線作戰，於五、九、十等
日，以次放棄靜樂、嵐縣、神池，陷敵於我包圍圈內，
痛加攻擊。越兩日收復利民堡，將神池以北之敵，掃數
肅清。同時嵐縣亦經我反攻克復。此後敵盲目亂竄，惟
困守三、五據點，與我相持。總計前後約兩旬間，斃敵
在二千以上，我傷亡僅百餘。茲分述各路戰況於後。

一、大武峪口之戰

南路之敵於二月下旬，由汾、孝、中、離等縣集中
四千餘人，砲卅餘門，以一部千餘，潛置於金羅鎮附
近，監視我王（靖國）軍；以一部兩千餘，自廿八日
起，分道北犯。一支千餘，由右面神、十山、馬路山向
店坪溝前進。一支八、九百出榆林山、陽渡里，一支
三、四百出土地堂、喬家溝，咸以大武為目標。我守軍
郭宗汾師，以小部當其正面，置伏兵於左右山地，移主
力於大武以北地區。並以空室清野辦法，將沿途居民食
糧，盡行移藏。三月一日，放棄大武，當夜我溫團由東
山出襲，斃敵六、七十名。次日各路敵齊會於大武，在

飛機及機械化部隊掩護下共向峪口進迫。三日敵軍千餘越峪口犯橫泉，被我預伏於峪口北兩側山地之溫、王兩團猛襲，斃傷近百，與之相持。且由馬頭山竄抵大武之一支約千餘，同時西犯石門塢，經我商團痛擊，不支而退，我軍乘勝反攻，進佔店坪，並向大武反攻。時郭（宗汾）師鄭旅，已由三交南下，繞襲大武；王（靖國）軍秦團已進至劉家山，向大武側擊，敵後頗感威脅。五日，峪口敵繼續北犯，至圪洞鎮，遭我伏兵圍擊，狼狽退回。我郭（宗汾）陳、魏等團與決死第四縱隊一部急向峪口包圍，敵自知身陷危境，六日拂曉，悄然遁大武。七日我各部向大武總攻，期將該敵殲滅，乃以連絡不確，未能奏效，嗣即入於相持狀態。是役敵屢陷我包圍圈內，結果均獲逸去，皆我士兵未能實行「狠的打法」，殊可痛惜！

二、交口賀家塔之襲擊

當郭師反攻大武時，汾離路南之王軍亦大舉出動，向金羅鎮、李家灣、交口、賀家塔等處之敵猛襲。該處雖係敵之重要據點，設有堅固工事，但以守兵單薄，且出於不意，故損失極鉅。六日晨一時許，我王軍劉（效曾）師主力開始向金羅鎮進襲，另以一部趨馬茂莊，斷敵後路。雙方激戰四、五時，交口，賀家塔完全被我佔領，交口守敵百餘，悉被殲滅。李家灣附近碉堡十餘座亦被我攻佔，其守兵大部就殲，遺屍五十餘具。共獲槍彈七萬餘粒，輕機槍三挺，步槍廿餘枝，電話機、望遠鏡各一件，其各物品甚多。我排長陣亡二，傷三，士兵

52 閻錫山故居所藏第二戰區史料 **第二戰區抗戰要役紀（下）**
Historical Documents of the Second Theater in the Yan Hsi-shan's Residence
The Main Campaigns of the Second Theater in the Second Sino-Japanese War - Section II

傷亡四十餘。敵經此鉅創，各處守兵咸驚惶失措，不敢輕意調遣，其深犯西北之企圖，因以頓挫。

三、西山兩側之戰

太汾公路之敵，為策應南北兩路作戰，於二月廿八日起，分途向西山附近進犯。一支千餘由汾陽經上下池家莊（汾陽北）北進；一支八、九百由交城犯馮家灘（交城西）；一支約二千，由清源犯董岔村（清源西北）；一支三千餘由陽曲犯王封、白道（均在陽曲西）。我陳（興邦）保安支隊與郭挺一之工衛隊，聯合賀（龍）師之三五八旅分別迎擊，先後激戰於王封、北小店、河口、鄭家莊等處，頗予重創。三月三日，陽曲、清源敵，共同猛攻，侵入古交、河口。我軍化整為零，潛伏於西山附近，晝夜襲擊，使其無法立足。五日，敵棄河口，回竄王封，構築工事，意圖固守。我軍於收復古交、河口後，更乘勝追擊，七日迫近王封，實行夜襲，斃傷敵十餘名。八日，收復北小店。九日，猛襲鄭家莊，並攻王封，其斃傷敵五十餘。嗣我軍繼行游擊，日益加厲，敵困守各據點，無由再向西進。

四、靜樂之戰

北路之敵，以柳下、山口兩師團各一部，共四千人，附飛機四架，三月一日起，分由寧武、忻縣、崞縣、陽曲，會犯靜樂。寧武敵二千餘，一日侵入分水嶺，二日佔東寨，與由軒崗、賈莊西北之敵會，三日共陷寧化堡。忻縣敵五百餘由三交西進，三日佔牛尾莊，

直趨康家會。陽曲敵約千餘，二日越陵井村侵入小店，三日與牛尾莊敵合陷康家會，我趙（承綬）部騎兵，本民革戰法「不失機不吃虧」之原則，避實擊虛，時隱時現，使敵捉摸不定。四日敵軍四、五百，被我誘於永安鎮附近之河谷內，趙部白（儒清）師長，親臨指揮，四面設伏，將一舉而殲之。無奈火器較弱，致被獲援突出。五日靜樂城郊，砲戰甚烈，我軍於消耗敵力後，轉移於附近山地，實行監圍。寧武方面之敵，於陷寧化後，經我軍繞襲其側，稍事停頓。六月後冒險西進，九日佔據嵐縣城。我趙（承綬）部李旅，猛烈逆襲，十一日又將縣城收復，奪獲步槍二百餘支，殘敵竄回靜樂。此後敵以靜樂為中心，四出騷擾，如南面之婁煩鎮，北面之馬坊皆先後被其蹂躪，但一經我軍反攻，又復鼠竄而去。十三日康家會敵八十餘，押運輜重大車百餘輛，赴靜樂中途遭我伏擊，傷亡逾半，其他類此者尚多，故敵泥足愈深，困難愈多，徘徊觀望，莫敢再進。

五、神池之戰

靜樂告急之際，朔縣寧武敵十四聯隊，亦向神池進犯。我傅（作義）軍一部，猛烈抵抗，雖屢挫敵鋒，而縣城卒於十日失守。十一日利民堡亦被突破。我軍一面向神寧道上，積極襲擾；一面對續進之敵，痛加阻擊，初在蓬峪溝，斃敵二百餘，敵回竄，復激戰於利民堡附近，敵傷亡奇重，不支而退，十二日利民堡告復。神池縣城，敵憑據工事頑抗，我軍屢攻未下，逐漸入於相持狀態。

（四五）黑龍關附近之戰

28 年 3 月初旬

　　黑龍關位於蒲縣東南，當臨（汾）、蒲交通之要衝，山路崎嶇，形勢雄峻，吉鄉中心區之外戶也。臨汾陷後，我陳長捷軍，常駐於此，與敵相持。一年來雙方為爭奪附近高地，時有接觸，但旋進旋退，規模較小。兩次敵犯吉、鄉，雖皆由此通過，而左右山頭，迄在我軍控制中，其後方連絡，每被遮斷，致不敢深入久留。廿八年二月末，敵一〇八師團之佐藤部隊，數約千五百餘人，扣關西犯，目的在掃蕩我附近駐軍，以遂其進窺蒲、吉之謀。一股步騎千餘，砲五、六門，於三月一日經赤火村、軍地里侵入關內。一股步騎五、六百，砲三門，同日由裏門經小西頭、小腰里達南灣里（黑龍關西南）。我陳部梁（春溥）師及高（金波）旅，分途截擊，混戰終日。二日略加調整，三日實行反攻。梁師婁團及任團一部由七里角、屯里向碾溝、南灣里進襲，攻敵左翼；高旅以郭團在坂底以南公路伏擊，解團由喬兒上、宋家溝，張團由霍家凹、石窰上共同向黑龍關圍攻。戰至午後，南灣里之敵不支北竄，經我任團截擊於打炭溝，斃傷百餘，殘部據寨志村。黑龍關敵一部五百餘，汽車廿餘輛，小車百餘輛東竄，經我高旅在東莊及坂底南李家垣一帶伏擊，毀敵汽車二輛，斃敵百餘。四日我軍再行猛攻，敵據險頑抗，並施放毒瓦斯，致我官兵傷亡二百餘。嗣我軍改取監圍態度，以一部扼據宋家

56 閻錫山故居所藏第二戰區史料 **第二戰區抗戰要役紀（下）**
Historical Documents of the Second Theater in the Yan Hsi-shan's Residence
The Main Campaigns of the Second Theater in the Second Sino-Japanese War - Section II

嶺、喬兒上、刁凹溝之線，將關之南北西三面予以包
圍；以一部向敵後襲擊，斷其輜重，使之困於飲食，無
法立足。如此相持六、七日，敵果不堪，復由臨汾增援
數百，十三日晨分四路向我梁師、高旅進犯。一路由寨
志村（黑龍關西南）向東坡里（黑龍關西），一路向喬
兒上，一路由黑龍關經金方嶺向化樂，一路經衛家山向
化樂，被我高旅在紅花山、夢家山一帶截擊，將其擊
退。此後敵大部退往土門，一部仍據關困守，與我成對
峙之局。

（四六）中條山戰役（五）

3 月 28 日至 4 月 2 日

　　第四次中條山會戰後，敵傾全力於晉西北及霍山南面之掃蕩工作，歷時月餘，了無功績，且蒙鉅大之損失。三角地帶，僅時有小接觸，雙方均積極整理補充，嚴陣以待。四月中，我全國各地，皆採取春季攻勢，二戰區亦奉命出擊，敵聞訊極為慌恐，乘我部署未定，乃作先發制人之計，於三月廿八日以廿師團之第七七、七八兩聯隊為主力，配合騎砲及大量空軍沿張茅大道南犯，同時解、虞、永之敵亦向芮城進迫。我孫（蔚如）部趙（壽山）、李（興中）兩軍，分頭迎擊，激戰三晝夜，卒敗頑敵，恢復原有陣地。雙方死傷各數千人，我且擊落敵機兩架，戰況至為劇烈。

一、張茅大道之戰

　　三月下旬，聞、夏、安、運一帶之敵，暗事移動，迄廿八日，集中於張店附近者，達三千餘人。次日以一部千餘，由王峪口（夏縣南）東犯，經我李（家鈺）軍在白頭村、軍家嶺等處堵擊，敵未獲逞。其主力兩千餘，附飛機八架，砲十餘門，由張店鎮分沿大道及西側之南北橫澗與連家灣南犯。我趙（壽山）軍且戰且退，誘之深入，當晚軡轎、大呂（茅津北）相繼被陷。時我軍大部，控制於平陸、茅津渡關，背水為陣，人懷死志，敵雖三面圍擊，而堅定不動。三十日趙部四十九旅

58　閻錫山故居所藏第二戰區史料 **第二戰區抗戰要役紀（下）**
Historical Documents of the Second Theater in the Yan Hsi-shan's Residence
The Main Campaigns of the Second Theater in the Second Sino-Japanese War - Section II

由康莊、風斜口及南坡村迎頭痛擊；四十六旅由順頭村
猛施側襲，激戰終日，敵遺屍數百，潰退六呂村。我軍
乘勝追北，傍晚將大呂村收復，繼續尾追。敵在上下牛
村與東西祁村之線，曾一度困鬥，但其勢已疲，無力持
久，旋即奪路北竄，四月一日，我軍進圍張店，迫近夏
縣，因敵工事堅固，未能一舉而下，然敵亦一夕數驚，
張皇萬狀。

二、芮城附近之戰

　　當張店敵大舉南犯時，解縣廿里嶺、虞鄉風柏峪、
永濟韓陽鎮之敵千餘，亦分路向芮城進犯。我李（興
中）軍，奮起迎擊，節節抵抗，因不堪敵機砲之壓迫，
逐漸撤伏兩翼。敵撲至陌南、芮城，空無所得，其飛機
且被我擊落一架。復冒險東進，侵入大小溝南，企圖在
平陸附近與張店南下之敵相會，不料該股已先被我敗
退，芮城之敵乃陷於進退維谷之境。卅一日我軍四起猛
攻，當將大小溝南克復。敵棄芮城回竄，沿途遭我伏
擊，死傷纍纍，四月一日，陌南仍歸我有，殘敵退竄廿
里嶺，憑險守拒。至此雙方陣地，遂仍恢復上月二十八
日以前之狀況。

（四七）我軍春季反攻戰役

28 年 4 月 10 日至月終

　　二十八年三月，敵由華南華北，抽調四、五個師
團，分犯鄂西鍾祥及贛之南昌。中央特令全國其他各戰
區同時出擊，以資牽制。二戰區內因當時正在晉西北及
霍山南面與敵激戰，且中條山一帶駐軍，屢經損失，亟
須整補，故不得不稍事延緩。四月十日，反攻開始。
各將士無不奮勇效命，齊心殺敵，兩旬間斃傷敵軍達
萬二千以上，我亦傷亡官兵五千餘，戰績赫赫，為全
國最。

一、反攻計畫與部署

　　此次反攻目的，在牽制大批敵軍，策應第九戰區作
戰，故採取全面攻勢。惟為獲得確實戰果，特著重於晉
南。蓋此區內我方兵力較優，欲一舉將敵第二十師團
整個殲滅，以減少對陝豫之威脅。因決定全區軍事部署
如下：

（1）兼南路軍總司令衛立煌指揮第四、第五、第十四
　　　各集團軍，及第廿七軍，以一部對豫北方面嚴行
　　　警戒，以一部驅除翼城附近一帶之敵，主力向第
　　　二十師團之敵攻擊。

（2）東路軍總副司令朱德、彭德懷指揮第十八集團軍
　　　全部，以現在孝義附近之一部協同西路軍，攻擊
　　　兌九峪及其附近據守之敵；以現在岢嵐、嵐縣之

60

閻錫山故居所藏第二戰區史料 **第二戰區抗戰要役紀（下）**
Historical Documents of the Second Theater in the Yan Hsi-shan's Residence
The Main Campaigns of the Second Theater in the Second Sino-Japanese War - Section II

一部協同趙承綬軍，攻擊靜樂、寧武之敵；主力
截斷正太鐵路交通，阻敵轉移，並協同各地友軍
發動廣大之游擊戰，處處予敵以威脅而牽制之。

（3）西路軍總副司令楊愛源、孫楚指揮南中北三個
區軍。

（子）南區軍總指揮陳長捷指揮第六十一軍、第
六十六師、教導第二師等部，配屬砲兵第
廿四團之一部，以一部固守宜川河防，一
部對河津、稷山、新絳、汾城之敵襲擊，
遮斷其交通，殲滅其增援部隊，以保南路
軍側背之安全。

（丑）中區軍總指揮陳光斗指揮決死第一、第二、
第四各縱隊。以現在晉東之決死第一、第
三兩縱隊協同南路軍、東路軍作戰，並遮
斷榆、介間交通。決死第二縱隊，以一部
協同第十八集團軍現在孝義附近之一部向
兌九峪及其附近之敵攻擊。其餘應驅除汾
西之敵，協同汾河以東友軍，遮斷靈、霍
南北一帶交通。

（寅）兼北區總副司令楊愛源、孫楚指揮第十九
軍、騎兵第一軍、第七十一師、決死第四縱
隊、傅保安司令存懷、續保安司令範亭、張
司令誠德等部，配屬砲兵第廿八團，以王
靖國軍附傅存懷部，以一部協同郭宗汾部
驅除據守離石以北之敵，主力向中陽、離
石及中離公路之敵攻擊。郭宗汾師附決死

第四縱隊，以一部截斷汾、離交通，主力
協同王靖國軍驅除離石以北據守之敵。趙
承綬軍附續範亭、張誠德等部，以現在渾
源、廣靈一帶之張誠德部破壞平綏交通，
其餘以一部掃蕩寧武以南之敵，並相機攻
擊寧武。主力應驅除靜樂及其以東之敵，
向忻縣南北同蒲路沿線之敵攻擊。

（卯）北路軍總副司令傅作義、鄧寶珊，指揮第
七集團軍全部，配屬砲兵第廿五團，以一
部固守宜川以北河防，以第卅五軍主力向
寧武、朔縣間，以其一部向朔縣、平魯間，
積極活動，確實遮斷交通，阻敵轉移，策應
趙軍作戰，並相機收復神池縣城。以徐子珍
部守備五臨，以固後方。另由傅總司令指
揮第七集團軍之一部及綏西部隊，以一部
遮斷平綏路交通，以主力反攻綏包。

（辰）五台區軍由楊軍長澄源指揮新編第二師及
郭保安司令如嵩部，向忻縣、崞縣、代縣
一帶之敵，不斷襲擾，並破壞其交通，以
行牽制。

二、出擊經過與戰果

四月初旬，我各路軍團，均依照反攻計畫，準備就
緒。敵軍四出竄擾，企圖亂我陣線，但未獲逞。十日
起，我軍同時出擊，與敵展開激戰，尤以晉南一隅為
烈。截止四月底，聞、夏、翼、絳、浮、安一帶，共殲

62

閻錫山故居所藏第二戰區史料 **第二戰區抗戰要役紀（下）**
Historical Documents of the Second Theater in the Yan Hsi-shan's Residence
The Main Campaigns of the Second Theater in the Second Sino-Japanese War - Section II

敵六、七千人，我陣亡團長一，重傷團長一，營長以下官兵傷亡者數千。他如東路軍曾將正太鐵道，破壞十餘處，致其數日未能通車。西北兩路軍曾攻佔中離附近要點數處，並一度衝入靜樂北關。綏遠、五台方面亦皆廣施襲擊，多所斬獲。敵經此鉅創，惴惴自守，士兵厭戰心理，日益高漲，偽軍反正者，層見迭出，致其華北總司令官杉山大將，不得不親到晉南鎮撫，並新增援兵，以圖補救。二戰區儼若磁石吸鐵，牽制敵軍六、七師團，不克脫離。茲縷述各路戰況於後：

（1）晉南方面

敵第二十師團，自廿七年春盤據於晉南各地，歷一年有餘，迭經我軍反攻，損失極重。賴其第一〇八師團與偽王英、張仁傑、戚文平等部之先後增來，因得與我軍保持平衡。春季反攻之前夕，敵偽軍之在晉南者，約四、五萬人，其據點仍不外同蒲沿線與中條山北麓。南路我軍，針對此情，預作嚴密部署，北自安澤，南迄安、夏，以弧狀陣形，西向出擊。衛立煌之第十四集團軍，附孔繁瀛之第五十四師，以安澤、浮山、翼城等縣及臨汾東面為主攻點。孫蔚如之第四集團軍以中條山之廿里嶺、張店及夏縣、解縣為主攻點。曾萬鍾之第五集團軍以絳縣、橫嶺關、橫水鎮、堰掌鎮及聞喜為主攻點。反攻令下，諸軍同時動作，各向預定目標，猛烈進擊。敵東抽西調，死力掙扎，結果仍不免慘重之損傷。

（子）中條山北之攻擊

孫（蔚如）集團軍之李（興中）、趙（壽山）兩軍，擔任向二十里嶺與張店間之中條山各隘口進攻；李（家鈺）軍擔任向尉郭鎮及夏縣進攻。最初數日，李、趙兩軍，尚屬得手，如廿里嶺附近之墩台嶺、風圪塔、張店西北之平陸鋪、李氏窰，皆曾一度為我佔領，旋因安、運一帶之敵，不斷增援，且該處工事堅固，以致圍攻多日，未能奏功。李家鈺軍之攻夏縣、尉郭，先後歷十餘日，斃敵近千，敵數由安邑向夏縣增援，中途皆被我擊潰，並在裴介鎮毀敵汽車兩輛，獲彈藥軍用品甚多。四月十七日夜襲夏縣城之役，我軍兩團，迫近城垣，以硫磺彈猛轟，城內多處起火，敵軍之藏身火坑者，為數非少。

（丑）聞絳一帶之攻擊

曾（萬鍾）集團軍之第三軍（曾兼）攻聞喜、堰掌；劉茂恩軍攻絳縣；高桂滋軍攻橫嶺關。曾軍李（世龍）、唐（淮源）兩師各一部，於十一日攻入堰掌鎮，殲敵逾千。一部向聞喜縣城進撲，與敵數千激戰於牙張鎮、郭像鎮、香山寺、大小澤如、裴社鎮，皆頗有斬獲。十九日，敵傾全力反攻堰掌，飛機十一架助戰，雙方肉搏多次，死傷均重。劉（茂恩）、高（桂滋）

64　閻錫山故居所藏第二戰區史料 **第二戰區抗戰要役紀（下）**
Historical Documents of the Second Theater in the Yan Hsi-shan's Residence
The Main Campaigns of the Second Theater in the Second Sino-Japanese War - Section II

兩軍亦各能遵照任務，予敵打擊；惟限於
器械，對集中固守之敵，未能澈底殲滅。
但其消耗敵力，牽制敵軍之功亦不少。

（寅）翼城浮山一帶之攻擊

衛集團軍之陳（武）師，圍攻翼城，劉
（戡）軍圍攻浮山，雙方爭奪最烈。翼城
距曲沃、侯馬不過百里，敵應援至易。初
我軍進攻，一部向縣城，一部向城西之秦
岡村。十一日，佔領秦岡村，並攻入縣城
北關，次日復攻據西關，會向城內衝擊。
十三日，曲侯敵二千餘，飛機十架來援。
我軍一面截擊，一面攻城，砲火之烈，震
動天地。敵死傷遍野，我屈團長鎮華，亦
受重傷。後敵繼續增援，犯我左翼南史
村、南樊村，企圖解圍，皆被擊退。而縣
城亦迄未攻下。劉軍已圍浮山，適臨汾敵
四、五千來援，十五日，雙方在城西北、
南韓村、官雀村，展開激戰。我軍勇猛奮
厲，縱橫衝殺，敵之死者，不可數計。我
蔣（在珍）師彭鎮璞團長，不幸於是役
殉難。

（卯）臨汾南北之襲擊

南路軍出擊後，西路軍之南區軍總指揮陳
長捷，亦督率所部，分向臨汾南北及汾河
下游之敵襲擊。陳編所部為四個縱隊，以
彭（毓斌）縱隊向稷山、新絳；梁（春

溥）縱隊向臨汾；呂（瑞英）縱隊向趙、霍；陳（光斗）縱隊向汾西，各以機敏之動作，殲敵小股。同時另組工兵破壞班三個，專司同蒲鐵道之破壞。經二十餘日之不斷襲擾，彭（毓斌）師曾截斷稷、絳間連絡。梁（春溥）師一部於十三日襲入臨汾西面之泊莊，斃敵廿餘；一支於四月十七日，襲入萬安鎮，斃敵十餘；一支於四月十九日攻佔原上（土門西北），截斷土門、黑龍關間交通。呂（瑞英）師於四月十八、十九兩日，派周、李兩團強渡汾河，驅逐敵警戒步隊，破壞趙、靈間同蒲路基二十餘里，攜回鐵軌四十餘條。廿日敵千餘，圖渡汾西犯，我軍預伏石灘村（靈縣南）與乾河鎮間，乘其半渡，突起攻擊，敵倉皇應戰，零亂無次，結果被斃傷者數百。陳（光斗）旅，於四月十八日夜，攻佔王禹（汾西東）斃敵百餘。其他如平和村（汾西）、磊上（趙城）等役，皆頗有斬獲。此雖皆係小規模戰鬥，而積小勝為大勝，正以弱制強之道。

（2）晉東方面

朱德之第十八集團軍，原以攻擊正太線為目的，敵為牽制我軍計，於四月九日起，在阿南師團長親自指揮下，糾集祁、太、平一帶之敵五千餘，

66 | 閻錫山故居所藏第二戰區史料 **第二戰區抗戰要役紀（下）**
Historical Documents of the Second Theater in the Yan Hsi-shan's Residence
The Main Campaigns of the Second Theater in the Second Sino-Japanese War - Section II

沿白晉公路南犯。十一日侵入公路西面之東西磨支、段家坪、上店鎮、二郎堂等地。十三日侵入沁縣北之分水嶺、權店，旋復分竄石盤（榆社西北）故城。另一支敵千餘由太谷之馬陵關南犯。我武士敏師先後在石盤、磨支、來遠鎮附近，竭力阻擊，苦戰五、六日，敵傷亡頗重。及竄至沁縣、榆社邊境，經梁述哉旅迎擊，未再前進，馬陵關南犯之敵，被朱德部桂支隊，不斷襲擊，未敢深入，即復回竄。十六日後，我武師協同朱、彭部，共向敵後襲擾，斷其交通，截其輜重，使其無法立足。十七日敵大部潰退太谷之南關鎮，晉東形勢，始見和緩。總計是役斃敵在千人以上。至朱、彭軍之原任務，則不免稍受牽動，正太路雖停頓數日，惜其破壞程度尚淺耳。

（3）晉西方面

王（靖國）軍郭（宗汾）師，自十日起，連續襲擊中、離互大武間各據點之敵，達十餘次，多於夜間行之，且均係小規模，每次斃傷敵人，至多不過十數名，惟十一日夜王部襲金羅鎮時，曾斃敵和合中尉以下軍官數名。十七日獨七旅蘆團襲吳城北之王治莊，斃傷敵八、九十，乃其彰彰著者。但積小勝為大勝，總計兩旬之內，斃敵達四、五百。廿六日，清源、太谷、祁縣敵三、四千，犯文水之胡家堡、謝家寨，企圖對我郭挺一及賀師獨支隊，施以掃蕩，結果我軍突圍成

功，斃敵大尉以下三百餘。

（4）晉西北方面

晉西北情形與晉東情形相仿，因當時祁、寧一帶敵力尚雄。我趙（承綬）軍雖一度衝入靜樂北關，斃敵數十，而五寨忽於十日失陷。十九日，朔縣井坪敵五百餘，佔偏關，以致我軍又忙於對前進之敵阻擊、伏擊，及其後續部隊之襲擾，依然如前，並無特殊戰果。

（5）晉東北方面

敵為防禦我軍出擊，四月十一日起，以數千之眾，由盂縣北犯，經我金（憲章）師阻擊於西烟，相持多日，無何進展。同時金師一部向忻縣南之樊家野場一帶游擊，頗有斬獲。十三日郭如嵩之雁北游擊隊王天存部，乘敵不備，攻入渾源縣城，巷戰終夜，殲敵百餘，迨敵援軍增到，我又退去。此外無可述者。

（6）綏遠方面

綏遠情形，如同晉西，僅有小規模之襲擾而已。其較著者：四月十二日高（雙成）軍左旅，以大樹灣為中心，分東南北三路，向史家營子、板汙圪堵、胯子圪堵進攻，激戰四小時，斃敵七十餘。十七日暫四師在固陽東北之銀號、三盛永，與敵汽車廿餘輛相遇，擊斃敵卅餘，毀汽車三輛。

第四階段

自 28 年 5 月第二次柳林戰役起至 29 年 7 月

反掃蕩戰〈二〉

（四八）第二次柳林戰役

28 年 5 月 30 至 6 月 10 日

一、中離一帶敵我相持勢態

我王（靖國）、郭（宗汾）兩部自廿七年春，駐防中、離，一年以來，與敵大小戰鬥，不下數百次。敵旋耗旋補，常被牽制一旅團以上之兵力。柳林鎮為我晉西重要據點，王軍主力在焉，西面之軍渡、磧口、三交等渡，咸賴以為屏障，中心區與晉西北之交通，亦多取道於此，實我西路軍與北路軍之主要補給線。敵屢圖佔據，皆蒙巨創而退，然其心終不死。廿八年四月，我春季反攻原駐中、離一帶之谷川聯隊，損失極鉅，五月初移防東調。以一〇九師團一一八旅團之另一部代之。

當時恐我軍之襲其後，故於五月七日，以千餘之眾，由大武北犯棗林與神仙山，結果被我王軍秦、劉、楊等團擊退。五月中旬，汾陽敵增至四千餘，攜帶渡河器材，揚言西犯，我軍因亦嚴加戒備，待其至而殲滅之。

70

閻錫山故居所藏第二戰區史料 **第二戰區抗戰要役紀（下）**
Historical Documents of the Second Theater in the Yan Hsi-shan's Residence
The Main Campaigns of the Second Theater in the Second Sino-Japanese War - Section II

二、敵軍大舉西犯

五月下旬，敵由太原、榆次，經汾陽向中、離大量增集，先後到達者有和知、宣旺、本新等部兩萬餘人。附砲四十餘門，重機槍五十餘挺，汽車二百餘輛，各種船隻二百餘。阿南師團長由榆次駐汾陽，山口旅團長到離石指揮。採分進合擊，重重包圍之戰術，六月一日起分三路西犯，企圖奪我三交、軍渡、磧口三大渡口，進窺陝北。南路約五千餘人，分二股；一股由中陽城經傅家塌向柳林進迫；一股由萬年堡向虎頭峁前進。北路約六千餘人，由離石城分兩股：一沿離磧大道經王老婆山犯磧口，一經王老婆山、韓家嶺犯柳林。中路約六千餘分四股：一由李家灣，一由金羅鎮，一由下棗林，一由棗林村，以大包圍形勢攻我劉（紹棠）師正面。同時更以飛機十餘架，輪流轟炸，聲勢極為兇惡。

三、柳林之放棄

敵此次西犯，經十餘日之準備，以極優勢之兵力，目的在先擊破我王、郭主力，然後確據渡口，相機渡河，免蹈已往身陷重圍之覆轍。故其佈置極密，行動極速，大有使我措手不及之勢。我軍作戰，悉依民革戰法。本不失機不吃虧之精義，靈活運用，力爭主動，使敵縱有翻天覆地之力，亦無所施。當敵之進也，南路二股於二日經萬年堡至留譽鎮，一股經虎頭峁至三交渡，沿途經我傅（存懷）軍陳（慶華）師及王（靖國）軍之襲擊，傷亡數百。北路經我史（澤波）旅，在曹家坡、接神塌、王老婆山一帶伏擊、側擊，斃敵近千。三日我

軍轉移於招賢鎮及劉家塬附近，放棄磧口。中路我劉
（召棠）師主力當之，敵沿離軍公路及南北兩山分道並
進，劉師勇猛抵抗，不意竟陷重圍，以致損傷稍重，副
師長蔡雄飛被俘，五日夜乃放棄柳林，避開正面，向南
轉移。敵遂入柳林，竄軍渡，與南北兩路之敵相會，一
時磧口、軍渡、三交同陷敵手，陝北頗受威脅。

四、敵軍之敗退

敵據柳林軍渡後，大部集結於柳軍公路，意圖固
守，我軍乘其立足未穩，喘息未定，倏起襲擊。六日
起，史旅向南，馬（鳳崗）師向北，以柳林為目標，實
行兩面夾擊。同時郭師分攻離石、大武，傅（存懷）部
威脅中陽。敵防不勝防，到處受創，復以我預行空室清
野，給養為難。九日由軍渡撤退，十日我克復柳林、磧
口、三交之敵亦東竄。是役前後共十日，斃傷敵軍達
二、三千人，我王軍損失，亦相當重大。

（四九）中條山戰役（六）

28 年 6 月 6 日至 20 日

　　盤據晉南三角地帶之敵，四月中經我春季反攻，創痛鉅深，兢兢自保。五月內，雖加整補，僅蘇疲況。不意六月初復做掃蕩中條山之舉，盛所謂飛蛾撲燈，不死不止。此次進犯兵力，為其第二十師團與第三十七師團一部，附獨立砲兵一聯隊，飛機十餘架，總計兩三萬人。由岩切聯隊長、高橋旅團長、關元六旅團長擔任指揮，自東北西三面分九路會犯。六月六日起，張店、廿里嶺以南同時展開血戰，繼之風陵渡之敵亦越永樂鎮向芮城側擊，我孫（蔚如）集團軍之李（興中）、趙（壽山）、李（家鈺）等軍，劇戰數日，被迫逐次轉移陣地，於是平陸、芮城、茅津渡先後於八、九、十等日失陷，一時黃河兩岸，砲戰甚烈。十三日後敵復調集主力，猛向張茅大道以東進犯，賴我趙、李（家鈺）兩軍堅苦撐持，將其擊潰。越數日，平、芮敵亦遭我軍不斷襲擾，紛紛北竄，恢中條山南我敵戰前態勢。是役敵傷亡達數千，我孫集團軍之一部因事前疏於防範，致被包圍，損失亦鉅。

一、敵九路進犯

　　夏、安、運、解一帶之敵，於六月六日拂曉，突由張店亙鹽池南，從善村、柏口窰、姬家窰迄廿里鎮，分九路向我中條山孫集團軍大舉進犯。張店方面，約三千

74 閻錫山故居所藏第二戰區史料 **第二戰區抗戰要役紀（下）**
Historical Documents of the Second Theater in the Yan Hsi-shan's Residence
The Main Campaigns of the Second Theater in the Second Sino-Japanese War - Section II

餘眾，砲廿餘門，當日連陷軒轅村、大坪頭、下牛村、
大臣村、東祁村，我趙（壽山）軍軍且戰且退，七日，
越窰頭村、順頭村，迫至河岸，我一〇五八團一時陷於
包圍，彈盡糧絕，士兵多投河就義，無肯繳械降敵者。
安、運方面，亦約三千餘眾，在飛機十餘架掩護下，六
日分犯風口村、紅凸村、武家溝、扁豆凹、黃花嶺、東
西黃草坡等處，我趙、李（家鈺）軍各一部竭力抵禦，
屢進屢退，敵竟亂放毒氣，陣地終被突破。八日我軍放
棄平陸，敵更犯盤南村，經我孫（蔚如）部教導團組
及，頗予重創。九日竄至山南之敵數千，由西北兩面齊
向茅津渡進迫，我趙軍耿（志介）師、孔（從周）旅與
教導團一部，奮戰終日，雙方傷亡均重。十日晨，茅津
失守，我軍分別突圍，向敵後側轉移。廿里嶺方面之
敵，六日晨以千餘人陷陌南，東犯大小溝南，被我李
（興中）軍陳（碩儒）師堵擊，八日一部竄至馬家莊向
南岸靈寶及函谷關一帶砲擊，一部與安、運敵會陷平
陸。風陵渡方面，敵千餘八日東犯，九日晨由永樂鎮
侵入芮城，我陳（碩儒）師之一部，擾城東附近與之
相持。

二、平茅芮之收復

　　初敵之來犯，陸空互應，諸路並進，我軍顧此失
彼，改陷窘境。平津沿河一帶趙（壽山）軍背水為戰，
因而犧牲極鉅。孔旅長從周僅率三百餘人，突出重圍。
但當敵猛犯茅津之際，我李（家鈺）軍已急趨敵後，向
張店以南夾擊。既而趙軍各部突出重圍，潛伏於平、茅

左近，乘敵立足未定，四出襲擊，十一日敵棄茅津北
竄，越日平陸亦為我克復。兩日之間，雙方短兵相接，
我河南砲兵復不斷轟擊，故敵損傷極重，其岩切聯隊長
亦重傷。芮城敵因後路空虛，未幾亦向北潰退。

三、張茅公路以東之戰

　　六月十三日退集張店附近之敵數千大舉向張茅公路
以東進犯。西路方面，一股四、五千人由古王、計王村
（茅津東北）更番猛撲，與我趙（壽山）軍、耿（志
介）師對戰於郭家莊、東牛村、禹廟村之線。一支三千
餘由淹底（茅津東）北犯毛家山，迂迴我李（家鈺）軍
左翼。北路方面於十五日，以四、五千人佔領侯家嶺
（張店東），續陷炭溝。我趙軍扼守望原村，堅決抵
抗，十五日乘勢反攻，克復淹底。李（家鈺）軍扼守馬
裡互神仙嶺之線，激戰數日，遏見東進之勢。同時平、
茅附近，我趙、李（興中）軍積極襲擊，於十六日克復
大臣村，迫毛家山敵軍之背，如此交錯混戰，四、五日
間，斃敵二、三千名。此後敵主力轉移垣曲方面，我孫
集團軍一面肅清山南殘敵，一面收整部隊，中條山戰事
暫告沉寂。

（五〇）第三次垣曲戰役

28 年 6 月 20 日至 26 日

　　敵第二十師團主力及卅七師團一部，於六月上旬分犯中條西段受創後，留置第卅七師團之重松聯隊扼守張店以西各據點，復傾其所有步騎萬餘，砲六十餘門，飛機多架，於六月廿日起，由夏縣、聞喜、絳縣會向垣曲進犯。我曾（萬鍾）、劉（茂恩）、高（桂滋）、郭（寄嶠）等軍初依既設陣地，奮勇抵禦，激戰兩晝夜，斃敵極眾。敵羞怒之餘，罔顧公法，濫放毒氣，我軍為減少損失，乃避開大道正南，迅速轉移於兩側，縱其深入。廿二日垣曲四度被陷，旋我衛副長官立煌由豫渡河北上，親蒞前線，指揮各軍，分路反攻，迫敵於王茅鎮、皋落鎮附近，痛加圍擊，敵到處受創，漸以不支，廿四日棄垣曲城北竄，次日皋落鎮亦告克復，其餘兩路之敵，均分別退去，一週來凶險之局復平靜如初。

一、敵軍分道進犯

　　六月廿日起，敵第廿師團之第四十旅團由夏縣，第七七聯隊由聞喜之偃掌鎮，第七八聯隊與卅七師團之一部由絳縣橫嶺關，共向垣曲進犯。我軍預知其謀，一本機動戰之要旨，先於沿途據險截擊，消其銳氣，然後向外線轉移，形成包圍勢態。當時曾（萬鍾）軍一部在夏、垣間之馬家廟、韓家嶺以西地區，與敵展開劇戰，尤以東普峪及馬家廟西北高地之爭奪為烈，敵軍被殲者

78　閻錫山故居所藏第二戰區史料 **第二戰區抗戰要役紀（下）**
Historical Documents of the Second Theater in the Yan Hsi-shan's Residence
The Main Campaigns of the Second Theater in the Second Sino-Japanese War - Section II

達三、四百人。高（桂滋）軍初扼守聞喜東面上下陰里與店上之線，既而改守朱家莊以西、北峪、口頭一帶，阻敵前進。劉（茂恩）軍、郭（寄嶠）軍在橫嶺南之言家山與絳線東之睢村，猛烈抵抗。曾軍唐（淮源）師在堰掌南之唐王山、生成嶺與敵反覆爭奪，肉搏十餘次。廿一日敵以大量毒氣及飛機多架，狂施射炸，我軍乃本預定計劃，分向側面轉移，當晚皋落鎮被陷，次日垣曲亦失守。敵方以為得計，而不知已入吾彀中矣。

二、我軍改守為攻

　　當敵之初犯也，勢極兇猛，我軍為消耗其力計，不得不據險守禦；迨其既入，則處處皆我攻擊之目標矣。在彼喘息未定，兵力既分，驟遭攻襲，未有不崩潰者。我軍轉移時，劉軍及郭軍裴（昌會）師，集結於皋落亙垣曲大道以東；高軍及郭軍王師，隱伏於該道兩側；曾軍主力控置於朱家莊亙馬家廟南側，一部留置冷口（皋垣大道西南）亙唐王山、范家岔一帶。佈置嚴密，勢如網羅。廿三日我衛副長官立煌復由豫渡河，抵垣曲境，一時軍心振奮，爭效死力。此後各路同時反攻，裴、王兩師自皋垣大道兩側夾擊，困敵軍數千於王茅鎮南北地區，殲其輜重隊三百餘，獲軍用品無算。高軍向皋落西北之馬蹄溝、余家山猛攻，劉軍向皋落北之言家山、馬家山猛攻，曾軍在偃掌東南之東西普峪，往復衝殺。敵雖一再增援，頑強抵抗，無奈形勢已非，聯絡為難，遂不得不趨於崩潰。

三、垣曲之克復

　　我軍反攻後，敵後路首被截斷，情急無計，乃以重砲向黃河南岸亂轟，掩護退卻。廿四日晚棄垣曲城北竄，一部被我包圍解決。廿五日皋落敵亦縱火逃逸，其主力循皋橫大道，向橫嶺關潰退，一部三千餘竄夏縣，一部三千餘竄聞喜，沿途遭我伏擊、追擊，屍橫遍野，狼狽不可名狀。至廿六日，垣橫大道大致肅清，東西普峪一帶，亦無敵蹤。計是役前後六、七日，殲敵在兩千以上。

（五一）敵九路會犯晉東南戰役

28 年 7 月初旬至 8 月下旬

自二十七年八月至二十八年七月間，敵以五、六師團之眾，長期駐晉，從事其所謂掃蕩工作，雖每次皆蒙重創而退，然全區亦幾被竄擾殆遍。惟晉東南一隅，據太行、太岳錯綜之區，古所謂上黨郡者，獨獲謐寧。當二十八年春季遼和戰役時，敵本欲乘勢南下，進窺澤潞，以我戒備嚴密，未敢冒犯。至二十八年六月末，始向晉東南逐漸轉移兵力。初為爭取外圍據點，與我軍戰於翼、絳、浮、安及和、遼等地，繼則傾其華北可能調遣之步卒大舉進犯。我以疲敵、散敵之目的，避免守城攻堅，盡移各部於山地，致旬餘間，晉東南十餘縣城，幾完全為所侵據。嗣我敵後部隊奮起攻擊，新增之范（范漢傑）軍亦迅速達到，乃共向屯集各城鎮之敵猛攻，至九月下旬連克晉城、高平等城，僅長治、長子、壺關等縣各餘殘敵數千而已。邇後敵再增援反攻，與我展開激戰，當於另篇述之。計是役前後約兩閱月，斃敵近萬，與湘北大戰，南北輝映。

一、晉東南游擊根據地之建立

太行山脈與太岳山脈之間，嶺巒錯縱，地勢高峻，適居晉之東南部。平漢、隴海、正太、同蒲等鐵道，圍繞於外；沁河、濁漳河，分流於內。白晉公路，北達太谷；臨屯、沁翼兩公路西接同蒲；由黎城出東陽關，

82　閻錫山故居所藏第二戰區史料 **第二戰區抗戰要役紀（下）**
Historical Documents of the Second Theater in the Yan Hsi-shan's Residence
The Main Campaigns of the Second Theater in the Second Sino-Japanese War - Section II

至河南之涉縣、武安，經晉城下天井關，至博愛與道清鐵路相連。沁源、長治為政治核心，第三、第五專署駐焉。遼、和當北面門戶，安、浮、翼、絳作西部藩籬，東南兩面則崇山拱翼，與豫為鄰。居民三百餘萬，盛產穀類，煤鐵尤豐。二十七年八月終，我軍收復晉城、長治、高平，晉東南首告肅清，於是以第十四集團軍之陳鐵、劉戡兩軍與馮（欽哉）軍柳彥彪、武士敏等師控制太岳山脈，第十八集團軍之劉伯承師拱衛和、遼、黎城。第九軍郭寄嶠部扼據垣曲。梁述哉、顏承煦兩旅分佈於沁源、長治一帶維護政權。朱德、彭德懷以東路軍總司令名義，常往來於潞澤一帶。衛副長官立煌，坐鎮豫西統轄晉南晉東駐軍，隨時調度指揮。閻司令長官特令地方軍政人員乘此時機從速建立晉東南游擊根據地，三區專員薄一波，五區專員戎伍勝，猛烈進行。如徵貯食糧，設立工廠，組訓民眾，構築工事，推行合理負擔，嚴厲檢舉漢奸，當其初行，不無怨言，而結果則民知自衛，軍有餘糧，政權賴以鞏固，使敵屢進屢卻，凜然不敢輕犯。

二、敵圍攻晉東南計劃與我軍戰略

我軍在晉東南之根據地愈趨堅固，則冀南豫北與同蒲、正太沿線之敵受威脅也愈甚。唯其不敢輕犯，故犯之也必眾且烈。二十八年初敵在二戰區內，屬行「掃蕩」，其所採取之戰法，不外二端：

（一）集中優勢兵力，強奪我據點，並修築道路，建築碉堡，分割我游擊根據地為若干小塊，使我

軍隊不能集結使用，無進攻能力。

（二）以多數支隊分路壓迫我主力於包圍圈內，而後
　　　會合主力加以打擊殲滅。

　　此次會犯晉東南，要亦不外乎此，惟兵力較雄，規
模較大，部署較周耳。六月杪牒知敵之計劃，係以六師
團兵力，四面並進。第一步先貫通太古、晉城至盂縣，
及臨汾至東陽關間之縱橫交十字線，然後分區掃蕩。閻
司令長官深思周計，特本民革戰法於七月十日電衛（立
煌）、朱（德）等將領，指示作戰方略云：「查數月以
來，敵之慣用戰法，如八路西犯柳林，九路會犯平陸、
茅津，最近五路犯我垣曲，而在山東之蒙陰、鄂北之大
洪山等戰役，均用分路包圍戰法。我對付之法，惟有採
內線作戰要領，先擇一、二路擊破之，然後再及其他各
路。或轉移兵力於敵側方、後尾，側擊、尾擊，效力亦
巨，最忌者如遭敵壓迫即向後退，以致漸次集結於包圍
圈之核心，則慘敗之禍，不可避免。」衛、朱等秉承斯
旨，以「疲敵、散敵、誘擊、側擊、尾擊之方法，施行
旋圍戰法，使主力迴旋於外翼求敵側背而擊之，」為作
戰要領指揮各部。果也，敵之詭謀未售，反深陷窘迫詰
屈之境，此乃我戰略上之成功也。

三、敵軍分道進犯

　　二十八年六月下旬，敵調集五、六師團之眾，逐漸
向晉東南轉移。北面以阿南第一〇九師團為主力，由
祁、太、平、介一帶向白晉公路附近轉進。獨立第四旅
團由正太沿線向和順一帶轉進。西面谷口第一〇八師團

84   閻錫山故居所藏第二戰區史料 **第二戰區抗戰要役紀（下）**
Historical Documents of the Second Theater in the Yan Hsi-shan's Residence
The Main Campaigns of the Second Theater in the Second Sino-Japanese War - Section II

集結於洪洞、臨汾一帶向洪屯公路轉進。牛島第二十師
團於垣曲戰後集結於曲翼一帶，向翼沁公路轉進。東面
平漢線敵第十師團一部由邯鄲、武安西竄涉縣，窺伺東
陽關。南面道清鐵路沿線敵第二十五師團主力及第十四
師團一部向晉博公路■■，七月初旬，大舉進犯。北面
分和遼、白晉、平■■■■■■三路，以白晉路為主
力。西面四路：一由安澤向沁源，一由臨汾、洪洞沿洪
屯公路東進，一由曲、翼犯沁水，一沿沁翼公路南側經
中村趨陽城。每路兵力，多者逾萬，少者數千。安澤一
路首先發動，和遼、白晉兩路繼之。七月五日，沁翼公
路展開激戰，晉博公路與東陽關之敵旋亦蠢動。我以戰
略關係，為突破包圍，爭取主動，於消耗敵力後，即
縱之深入，故城鎮多未作守禦。茲分述各路作戰經過
於後：

（1）西路方面

六月下旬敵一〇八師團一一七聯隊約二千餘人集
結於安澤附近，二十六日一部六、七百進佔古陽
（安澤北）與南堡（霍縣東）敵千餘相呼應，窺
伺沁源。二十九日洪洞、臨汾敵千餘經古羅、古
縣，臨汾敵千餘經太陽鎮、郭店東犯，三十日被
我蔣師（在珍）李團阻擊於西屋嶺（浮山東北）
附近，乃分股竄擾，一股竄據安澤之唐城，其主
力聯合浮山援敵共千餘，於一日進佔府城，三日
陷良馬。旋更增援東犯，另以一股擾南北孔灘。
唐城之敵千餘，六日經亢驛中峪店北犯，當晚與

沁縣西犯敵千餘，綿上南犯敵二千餘會陷沁源。
八日良馬東進之敵與沁源南下敵會於張店，九日
繼續東犯，經河神廟與白晉路虒亭敵陷屯留，
途經我獨一旅白團在周啟嶺附近阻擊，斃傷敵
百餘。

沁翼公路之敵於七月五日以千餘之眾，首由絳縣
東北地區向我劉（茂恩）軍邢（清忠）師駐在之
南劉窊、窰寺頭、莽牛蛋等陣地進犯，敵機三架
助戰，雙方爭奪附近高地，激戰達一晝夜，我軍
以次撤至馮家河。七日邢（清忠）師長率所部翼
團及武（廷麟）師三團趕至，佔領馮家河至東西
席村之線，由陳（鐵）師長統一指揮，向敵側背
猛攻。八日敵二千餘由大小白山（馮家河東北）
突襲東西席村，血戰半日，東西席村終以不守。
同時敵第二十師團主力萬餘在砲空掩護下向翼城
東南陳（武）師陣地猛犯，我軍初據高家窊堅
強抗抵，予敵以極大損傷，旋漸轉移於附近山
地，縱敵深入。七日張馬、中村失陷，八日沁水
失陷。十日沁水及張馬、中村之敵共計萬餘，一
部東向趨高平，一部東南向趨陽城。我劉（戡）
軍陳（鐵）師兩部扼據富店鎮、賈櫟村互窯頭
北花村之線，反覆搏鬥，斃敵千餘。十一日沿沁
水陽城公路竄抵劉村之敵千餘，經我劉（戡）軍
迎頭痛擊，狼狽潰退。惟竄據沁河西岸馬壁（沁
水東）之敵千餘，沿沁河經王壁南犯，使陽城我
軍左翼略感威脅。十三日中村一帶敵二千向董封

86

閻錫山故居所藏第二戰區史料 **第二戰區抗戰要役紀（下）**
Historical Documents of the Second Theater in the Yan Hsi-shan's Residence
The Main Campaigns of the Second Theater in the Second Sino-Japanese War - Section II

鎮進犯，被我陳（武）師截擊於白營嶺，一股折
繞南陽村、後馬圈襲董封鎮左側。十四日董封
陷，我陳鴻遠師與敵劇戰於董封西北之玉京山附
近，斬獲甚眾。惟陽城守軍空虛，致為小股之
敵所乘，十五日縣城失守。十六日被我陳（武）
師截留於董封西北之敵，經我陳（鴻遠）師趕至
增援，在梁樹腰附近猛烈夾擊，斃傷甚眾。董封
敵七、八百西向回援，復被陳（鴻遠）師一部馳
至桐窊截擊，斃傷百餘。時沁（水）陽（城）道
上，我伏軍奮起，伺間搗虛，勇猛截襲。敵往返
援應，幾於應接不暇。十六日我陳（武）師一部
攻佔中村，繳獲馬騾食糧軍用品甚多。十七日陳
（武）師李、屈兩團攻佔南陽、交口。十八日殘
敵二、三千回竄董封，我陳（鴻遠）師乘其立足
未定，猛烈進攻，午佔田家店、蓮花山、馬家
山，截敵為數段，痛加圍殲，斃敵七、八百。
十九日殘敵西逸，董封告復。

（2）北路方面

六月終，敵一〇九師團主力萬餘集中於白晉公路
南至走馬嶺附近，一部一千餘竄至平遙王和鎮北
十餘里普河村。獨立第四旅團集中於平定一帶。
時我十八集團軍陳錫聯旅駐防遼縣。馮欽哉軍武
（士敏）、柳（彥彪）兩師佈置於白晉公路西
側。七月一日平定敵千餘竄和順，三日陷遼縣。
我陳錫聯旅截力堵擊，團長丁思秋陣亡。敵折而

西，於七日陷榆社與白晉路南犯敵合流。陳旅轉向遼和間襲擊，六日戰於韓王鎮，斃敵數百，七日收復遼縣。白晉公路之敵於七月四日起大舉南犯，一股四、五千向武鄉，主力五、六千由權店漳源向沁縣，我武（士敏）師一部及鄭炎輝之游擊二團沿途阻擊，斃敵數百，旋以眾寡懸殊，逐向西側轉移。五日兩城均陷敵手。六日沁縣敵一部二千餘西犯，與綿上南犯敵、安澤北犯敵共陷沁源，大部與武鄉敵竄抵虒亭。九日長治附近，發現敵蹤，我獨三旅趙團與五區保安隊及公安局協同堵擊，敵未獲逞。九日屯留被侵入。十二日洪屯公路與白晉公路之敵會攻長治，初我獨三旅與保安隊猶依城拒戰，既見敵援大集，恐為所乘，乃突圍東去，城遂陷。十三日長治敵東竄壺關，夏店敵東竄潞城，我軍以戰略關係，除沿途設伏襲擊外，多未作守禦戰。惟彭（德懷）軍之特務團乘敵後防空虛之際，於十日佔榆社，十一日襲克武鄉，殘敵千餘竄陷襄垣，我軍尾追，十二日敵又棄城西竄。平遙王和鎮敵三、四千於七月三日南犯，當日抵綿上，五日陷郭道鎮，七日竄至沁源，沿途遭我武（士敏）師之截襲，戰鬥劇烈，敵部隊長甘比谷以下傷亡達千餘。

（3）南東兩路

豫北之敵於七月初由博愛、衛輝沿晉博公路北犯，挾多數砲機及大量毒氣，意在直趨晉城，擾

88 | 閻錫山故居所藏第二戰區史料 **第二戰區抗戰要役紀（下）**
Historical Documents of the Second Theater in the Yan Hsi-shan's Residence
The Main Campaigns of the Second Theater in the Second Sino-Japanese War - Section II

我腹心。我龐炳勛軍先扼據天井關之險要，猛烈截堵，七月六日至十日血戰於欄車鎮以南地區，斃敵指揮官七員，士兵三千餘，為各路中創敵最深者。東路之敵於七月八日由武安陷涉縣，繼續西犯東陽關，適值山洪暴發，且沿途被我游隊破壞極鉅，無形停頓。八月八日始入關竄抵黎城。

四、敵軍之深入

白晉公路與洪屯公路之敵會陷長治、壺關、潞城後，一股西據長子，越石哲鎮，圖打通與良馬、府城間之交通。餘五、六千人，分為多數小股，由壺關、長治、長子，並行南下，共犯高平。沁翼公路及其南側之敵於陷沁水、陽城後，一股沿沁高公路東進，一股越潤城鎮圖與晉博公路敵，共犯晉城。時我方主力劉戡、陳鐵等部盡集沁河西岸，扼險固守，隨處截擊，因之沁翼公路之敵，屢蒙鉅創，逡巡不克前進。長潞方面，僅十八集團軍徐（海東）旅與地方游擊隊數百，實力較弱，敵因得任意橫行。七月十八日蔭城鎮（長治南）敵二千餘南陷高平。晉博公路敵四、五千藉砲空掩護，十六日突破黑石關，十八日侵入晉城。沁河西岸之敵亦強渡沁河陷瑞氏鎮，與南北兩路之敵相會，我龐軍追蹤而至，在晉城東南側與敵相持。二十二日晉城、高平、蔭城之敵三路東犯陵川，我龐軍節節阻擊，相持數日，敵終潰退。至此晉東南之名城要塞，幾盡為敵所據，惟其兵力有限，調動頻繁，乃達我分敵散敵於移動中殲擊之目的。

五、我軍之出擊剿敵

敵於深入晉東南後，一面製造傀儡，以汪逆之詭說，愚惑民眾。一面敷設白晉鐵道，增修各處公路，加強各據點間之聯繫。同時於安澤之府城鎮及晉城縣築飛機場，作為軍事上之二大核心，以長子、屯留、沁水、沁源、高平、陽城、博愛、陵川為其外圍據點，意在分我軍為若干小區，逐步壓迫肅清，以達其完全控制太岳、王屋地區之目的。閻司令長官，早料及此，當敵各路猛犯之際，特令各部，相機截堵，徐向外線轉移。迨敵深入，復嚴督各軍，乘敵立足未定，兵力分散，猛烈襲擊。我劉戡、陳鐵兩軍進出於洪屯公路與翼晉公路之間。龐炳勛軍控制於晉博公路兩側。馮（欽哉）軍武（士敏）、柳（彥彪）兩師盤據洪屯公路以北、白晉公路以西地區。十八集團軍之劉伯承師徐海東旅活動於白晉公路以東地區。三、五專署所屬之梁（述哉）、顏（承龇）兩獨立旅及趙世鈴、田齊卿兩旅四出游擊，拱衛政權。敵雖號稱數萬，實則士氣消沉，兵無鬥志，我軍隨地設伏，乘虛直搗，雙方奔馳於廣大山岳地區，搏鬥月餘，我以次收復沁水、沁源、陽城、晉城、高平等重要城市，殲敵數千。茲擇其要者，分述於後：

（1）史北鎮之役

七月二十三日沁縣虎亭敵二、三千分三股向我襄垣史北鎮以北之王家溝進犯，一路由沁縣之段柳村，分二股經小東嶺、次村東進；一路由虎亭鎮經崔村、楊家窰北進。我劉（伯承）師特務團

90 閻錫山故居所藏第二戰區史料 第二戰區抗戰要役紀（下）
Historical Documents of the Second Theater in the Yan Hsi-shan's Residence
The Main Campaigns of the Second Theater in the Second Sino-Japanese War - Section II

沿途設伏截擊，激戰三小時，將其擊潰，斃傷敵
百餘。

（2）陽城之役

七月十九日我劉（戡）、陳（鐵）兩部克復董封
鎮後，即積極向陽城縣城進擊。敵由晉城、沁水
兩面增援，企圖頑抗。一戰於南陽村附近，再戰
於侯井以北。魄喪膽落，盲目亂竄，我軍追北逐
奔，直迫陽城。二十五日晨乘敵立足未定，挑選
敢死隊多人，奮勇攻城，肉搏良久，雙方傷亡均
重。嗣敵不支，棄城逃遁，一部二千餘經潤城、
周村東竄晉城，一部千餘西竄沁水。我軍入城撫
眾，軍民歡動。

（3）沁水之役

我軍於收復陽城後，大部移麾東向，尾擊殘敵，
同時沁翼公路沿線及沁河東岸我軍，亦紛起響應，
齊向沁水挺進。二十六日沁水城郊，展開激戰，
敵三千餘人，受創奇重，當晚狼狽西潰。我陳
（鐵）軍、王（勁修）師首先入城，俘獲甚夥。

（4）遼縣東寨之役

遼縣於七月十一日再陷敵手後，我十八集團軍陳
（錫聯）旅，即伏處左近，不斷襲擊，守城之
敵，常惴惴不安。七月二十六日突以五百餘眾向
城南東寨我陳旅陣地進犯，我軍奮勇反擊，自晨

至午，斃傷敵官兵三百餘，敵倉皇四奔，我乘勝
追擊，當晚將縣城包圍。

（5）壺關之襲擊

七月二十八日我十八集團軍徐海東旅一部乘雨夜
襲壺關，首克城郊據點數處，旋衝入城內巷戰徹
夜，將敵工事、營房、倉庫盡行破壞，並斃傷敵
多名。次日拂曉，安全撤出。

（6）沁縣古縣鎮之役

我三區專署於沁源被陷後，率梁述哉之獨一旅以
次轉移於沁縣之古縣鎮一帶，破壞敵後交通，摧
毀敵偽政權，不遺餘力。七月二十七日起，敵由
白晉公路抽調二、三千人，分南北兩路向故縣、
松交一帶進攻，企圖掃蕩我專署所在之潘家山。
梁（述哉）旅轉戰週餘，消耗敵力甚鉅，我政工
人員之殉難者十餘。

（7）窰頭附近之役

陽城、沁水相繼告復後，翼晉公路大部為我控
制，同時洪屯公路亦遭我不斷襲擊，無由暢通，
困據晉城一帶之敵，如失左臂。七月二十七日南
馬村敵四、五百向東南進犯，被我劉（戡）軍、
劉（希程）軍堵擊於張馬，未獲逞。八月初敵以
大軍五、六千向洪屯路及翼城一帶增援。七日東
鄔嶺、固鎮、王塞（沁水西）敵二、三千，一部

92

闔錫山故居所藏第二戰區史料 **第二戰區抗戰要役紀（下）**
Historical Documents of the Second Theater in the Yan Hsi-shan's Residence
The Main Campaigns of the Second Theater in the Second Sino-Japanese War - Section II

沿公路東竄，主力向公路南側進犯。我劉（戡）
軍蔣（在珍）師、陳（鐵）軍王（勁修）師堵擊
於上下蘇店、曹家山、窰頭、任家溝之線，激戰
終日，斃敵數百，窰頭為我佔領。九日浮山敵數
千，分由縣城、山交、東馬溝，經衛村、砲碼口
南下侵入沁水城，沿途被我截擊，損失不貲。

（8）太義鎮附近之伏擊

八月十六日敵千餘由高平北竄，我徐（海東）旅
一部伏擊之於太義鎮附近，斃傷百餘。十八日復
於三甲鎮附近設伏，斃傷由高平北竄敵牛島直屬
部官兵百餘，獲戰馬多匹。

（9）晉城之圍攻

晉城為晉東南軍事重心，自七月下旬我軍發動攻
勢後，晉城四周之縣城如壺關、長子、長治等
城，均曾一度為我攻下，陽城且為我軍始終控
制。敵為保持其在晉東南之立足點，不得不以
全力頑守晉城，故晉城之戰較其他各役，均為劇
烈。初我龐軍於晉博公路沿線，予敵重創後，隨
即尾追至晉城東南與敵相持，並時向晉博公路出
擊，阻其增援。陽城克復後，陳鴻遠師，亦進至
晉城西北。八月初我增援部隊范漢傑軍前鋒抵陽
城，龐、陳兩部開始向晉城圍攻，初僅爭奪城郊
據點，至八月中旬漸轉劇烈。十一、十二兩日敵
出犯，與陳師激戰於城西北之伊侯山，我稍挫，

轉移於稽家山附近。然敵之傷亡，亦不下四、五百人。十三日我龐軍劉（世榮）師突由城東猛襲，衝入南關，斬敵多人。次日敵以飛機十餘架助戰，濫施轟炸，我又稍退。十六日續行圍攻，先截斷各路交通，陷敵於四面楚歌。十九日晚下令總攻，四面併退，搏戰終夜，次日拂曉克之，殘敵數千突圍向東北逃竄。是役先後斃敵六百餘，獲軍用品甚多。

（五二）嵐縣之役

28 年 8 月 18 日至 21 日

　　晉西北地區自二十八年春以後，敵我相持，凡三閱月，雙方均無積極動作。七月一日，朔縣、神池之敵千餘，一度向利民堡、八角堡進犯，經我劉（奉濱）師堵擊，旋即退去。八月十八日敵第二十六師團一部二千餘突由靜樂西犯，當午侵入嵐縣。次日復分二路各約四、五百，竄擾城南之東村鎮、城西南之普明鎮，騎兵司令趙承綬特令騎一軍長白濡清指揮所部，由嵐岢一帶進擊。二十日敵續增，西犯大蛇頭，圖危我四區專員張雋軒所率之保安隊。一股由普明犯野雞山，我騎一軍及續（範亭）師分別堵擊，敵未敢深入。時我騎一軍主力轉向靜樂進攻，揭敵後路，並於嵐靜道上，設伏襲擊，斷敵交通，嵐縣遂無形中陷我包圍圈內。二十一日我各路齊進，猛力壓迫，敵未敢戀戰，當晚棄城東竄，嵐縣復為我有。

（五三）晉東南會戰（一）

28 年 8 月下旬至 10 月中旬

　　敵向晉東南大舉進犯之際，我統帥部特令駐防陝東之范漢傑軍由豫西渡河向陽城一帶增援。范軍於八月中旬達到陽城，先鋒陳（素農）師首與敵接觸於晉城北面。晉城告復，敵北逸，陳師乘勢收復高平。八月下旬，范軍全部推進至長子、長治西南；龐軍一部亦迫近壺關。時困據長子、長治、壺關一帶之敵約萬餘人，以第二十師團為主，偽軍李守信部騎兵數千附之。牛島師團長駐長治城內，統一指揮。至遼、沁一帶，及洪屯、沁翼沿線，則敵我交錯，互相牽制。敵之目的，原思於沁縣、晉城建立堅固中心，逐漸向外圍擴展，利用白晉、沁翼、洪屯諸公路，以機械化部隊，壓迫我軍於包圍圈內而殲滅之。迨沁（水）、陽（城）受創，晉（城）、高（平）敗北，其軍事核心，岌岌可危，遂不得不退集於長治一帶固守待援。我方計劃在以新到之范軍與龐軍一部攻敵核心，劉（戡）、陳（鐵）、馮（欽哉）、劉（伯承）各軍，梁（述哉）、顏（承嘏）、趙（世鈴）、田（齊卿）等游擊部隊攻敵外圍，先下澤、潞，再圖遼、沁。自二十八年八月下旬至十月下旬，凡兩閱月，雙方主力，迭戰於長治、長子附近，勢成相持。沁翼、洪屯、白晉公路沿線之敵為策應長、壺一帶作戰，屢向我軍犯擾，結果均被擊退，加以各處游擊隊之伏擊，共計斃敵五、六千。是役我軍反攻目的固未完

98

閻錫山故居所藏第二戰區史料 **第二戰區抗戰要役紀（下）**
Historical Documents of the Second Theater in the Yan Hsi-shan's Residence
The Main Campaigns of the Second Theater in the Second Sino-Japanese War - Section II

全達到，而敵掃蕩晉東南之計劃亦被整個粉碎，消耗敵
力之鉅，二戰區內同時無出其右者。

一、長治長子壺關之圍攻

　　長治縣為清潞安府治，踞太行山麓，位濁漳河左
岸，地勢崇高，與天為黨，故昔稱上黨。西南距長子縣
城七十里，東南距壺關縣城三十餘里，相依如左右臂。
白晉公路貫通南北，扼晉城、沁縣之中樞。東北越潞
城、黎城、出東陽關，為通豫北要道。二十八年八月下
旬，晉城、高平為我克復，殘敵退集長治附近者五、
六千，長子附近者二、三千，壺關附近者千餘。三城連
繫，構築堅固工事，企圖頑抗。我以范（漢傑）軍陳
（素農）師向長治，劉（進）師向長子，龐（炳勛）軍
劉（世榮）師附騎兵張（占魁）旅向壺關。東起蔭城鎮
（長治南），經太義、張店諸據點，西達陽魯鎮（長子
西），結成弧形陣線，逐漸北向推進。同時十八集團軍
徐海東旅由北向南，遙為策應。八月二十八日范軍陳師
進佔長治南之韓店鎮，張師進佔長子西之石哲鎮，龐軍
迫近壺關南郊。三十日徐（海東）旅攻佔鮑店，三十日
我范軍開始總攻，陳師主力向長治西南，一部向長子
東。劉師主力向長子西，一部向長子南，敵亦傾其全
力，挾所有之坦克、裝甲，附以飛機數架，向我猛撲。
三十一至九月一日，劉師與敵四、五千劇戰於長子西南
之裴家莊、河頭村一帶，陣地出入多次，雙方傷亡各以
千計。長治方面我陳師與敵累次激戰後，於九月一日攻
佔長治南十五里之蘇店鎮，正向城關猛攻，適高河鎮

（長治城西）敵來援，又痛擊之於陳家溝。二日長治敵
在飛機掩護下出城反攻，蘇店復為所陷。惟長子北面屯
留縣，以敵防空虛，於一日辰被我徐旅襲佔。嗣范軍長
將所部重加部署，增預備隊黃（祖壎）師於前線。九月
六日，再舉總攻，主攻點側重長子城東，意在突破長
治、長子間之連繫，陷長子於我四面包圍中。乃以長治
方面之牽制力弱，致敵不斷西向增援，雙方血戰於城東
北郊之東西郭村、前後辛莊、上坊村，達一晝夜，尤以
敵聯隊部所在之泊裡村為最慘烈。最後短兵相接，白刃
肉搏，終日之內，一地得失，不下四、五次。我軍氣始
終旺盛，猛進不衰，無如敵之機砲慘毒，致所攻克之據
點，未獲鞏固，即為所摧毀，不得已而放棄。七日高河
鎮以東敵六、七百，史村（長治西北）敵千餘，分向我
劉、陳兩師外翼進犯，同時長子城內敵分由南北門出
擊，敵機三架助戰，我以內外受敵，入夜向後轉移。
劉、黃兩師撤至長子西北西南，陳師撤至韓店西南。是
役斃傷敵千四、五百，我官兵傷亡者略亦相等。九月
十三日長子敵千餘夜向西南我陣地進犯，旋被擊退。此
後雙方嚴陣相持，無何劇戰，惟不斷互以小部襲擾而
已。壺關方面，龐軍劉師於九月七日起開始攻城，當日
攻佔城西南賈掌村、元莊、前後土門互秦莊之線。敵退
集城內，據工事頑抗，我軍繼續圍攻。十日辰敵千餘忽
出城反攻，經我軍誘之於城東南上下內村、東歸村附
近，包圍痛擊，殲滅四百餘，生俘相賀加生等九名，乘
勝攻佔東南兩關。十一日敵援大至，以一部千餘向城南
反攻，主力二千餘由城東澤井村向我右翼迂迴，並施放

100　閻錫山故居所藏第二戰區史料 **第二戰區抗戰要役紀（下）**
Historical Documents of the Second Theater in the Yan Hsi-shan's Residence
The Main Campaigns of the Second Theater in the Second Sino-Japanese War - Section II

大量毒氣，搏戰竟日，我官兵中毒者五、六十，傷亡團附以下百餘，十二日遂轉移城西南河石、黃家川、南北仙泉之線，與敵對峙。惟我機動部隊，仍不時向城郊進襲，九月十七日乘敵不備，曾一度衝入城內，巷戰澈夜，毀其軍實倉庫多處，迨敵援增到，復安然撤退。

二、府城之反攻

　　府城鎮位於安澤縣東，居沁河西岸，與屯留之良馬陣，同為洪屯公路重要據點。北通沁源，南達沁水，交通稱便。敵侵入晉東南後，曾於此修築機場，置重兵，作為掃蕩太岳區之核心。八月二日我陳（光斗）部游擊隊克復良馬，府城左側已感威脅，既而劉（戡）軍劉（希程）、王（勁修）兩師由沁翼公路北側，向洪屯公路沿線推進，敵愈恐。適長子一帶我軍反攻甚急，同蒲沿線之敵亟思打通洪屯公路，東向增援。九月十日，敵一〇八師團一部二千餘，砲六、七門，由霍縣經北平鎮，竄古縣、府城，劉（戡）軍一面堵擊，一面向府城襲擊。十四日激戰於府城草峪村間（府城西），連克義塘、草峪村及府城外圍各據點，殘敵千餘據府城及其東南側之川口、張圪咀頑抗。次日我再猛攻，血戰一晝夜，於十五日曉克復川口、張圪咀，斃敵二百餘，殘敵盡集府城，依據工事，與我相持。

三、馬壁附近之殲敵

　　敵圖打通洪屯公路之謀，既為我劉軍所阻，復思由沁翼公路北側越沁河東進，犯我范（漢傑）軍左翼，和

緩長治、長子之圍。九月二十日，其一〇八師團井保聯隊與菊池砲兵大隊一部二千餘，由浮山東北之西屋嶺竄陷沁水東北之馬壁。我劉（戡）軍乘其立足未定，尾至猛攻，劇戰二晝夜，將其擊潰，斃傷井保聯隊長以下千餘。旋敵再由浮山增援二千餘東犯，同時府城敵五、六百亦沿沁河西岸南侵，企圖先擊破洪屯、沁翼兩公路間我軍主力，然後轉鋒南向。我軍窺破其謀，急向外線轉移，配置重兵於沁水東北沁河兩岸地區。二十六日東犯敵一部竄據山交通浮山大路，主力經唐村再陷馬壁，二十七日府城南犯敵陷南孔灘。二十八日馬壁敵千餘越沁河東犯，被我軍誘至上下橫嶺，南北夾擊，戰終日，敵死傷枕藉，不支西潰。三十日肅清沁河東岸殘敵，乘勝克復馬壁。

四、遼沁一帶之創敵

　　遼沁一帶之敵為策應洪屯公路與沁翼公路敵之東犯，並弛緩長治、長子北面我軍之壓迫起見，於九月二十六日起分股竄擾。一股一千於由沁縣之故縣鎮東犯，於二十七日陷武鄉。一股千餘由遼縣西犯，當日陷榆社。我劉（伯承）師陳（賡）旅，以游擊戰法，沿途設伏襲擊，斬獲甚多。二十九日辰，出敵不意，攻克榆社，既又向武鄉進犯，迫敵於城垣以內，完成包圍勢態。

102　閻錫山故居所藏第二戰區史料 **第二戰區抗戰要役紀（下）**
Historical Documents of the Second Theater in the Yan Hsi-shan's Residence
The Main Campaigns of the Second Theater in the Second Sino-Japanese War - Section II

五、長治長子壺關以南之再創敵

　　盤據長、壺一帶之敵第二十師團經我范、龐等軍於九月初旬圍攻重創後，困守待援，未敢輕動。十月初敵阿南第一〇九師團五、六千人，經白晉路增抵長治、壺關、長子，並於長治、黎、潞間及長子、屯留間配置重兵。十月八日辰，壺關、長治、長子一帶敵全線以七路向我反攻，一路二千餘由壺關沿壺（關）、陵（川）大道向東南進犯。一路三千餘由壺關向西南與由蘇店、韓店南下敵共趨蔭城鎮。我龐軍劉（世榮）師及張（六魁）旅分別堵擊於五龍頭、周村鎮、桑梓鎮等處，雖屢予重創，而敵仍冒險前進。迄晚我軍放棄蔭城鎮，撤至周村鎮以南、蔭城鎮西南地區堵戰。長子方面之敵共三、四千，一路南犯張店，一路西南犯堯南陳，一路西犯石哲鎮。長治方面之敵二千餘，砲十五門，戰車六輛，沿長高大道南犯。另一支二千餘，砲十餘門由長子北面之鮑店鎮經豐儀鎮向我左翼迂迴。我范軍陳、劉、黃等師在機砲轟炸下，奮勇堵擊，前仆後繼，血戰竟日，後以陣地多被摧毀，不得已陳、劉兩師轉移於張店鎮西南之花尖子、崔家嶺附近，黃師轉移於石哲鎮南之陽魯村、仙翁廟一帶。九日黃師由仙翁廟、陽魯村，劉師由賈家嶺，陳師由橫水鎮，同時反攻，劉師一部復轉出敵之外翼施行側擊。各部更番猛衝，屢挫敵鋒。入夜我軍愈奮，敵愈不支，次晨全線崩潰，分向長治、屯留逃竄。是役先後斃傷敵軍千餘，我軍犧牲亦鉅。

（五四）第三次柳林戰役

28 年 9 月初旬

第二次柳林戰役後，原駐汾、離一帶之敵第一〇九師團山口旅團，大部東移，參加晉東南戰役。離軍公路兩側，我孟（憲吉）軍乘機攻襲，創敵極鉅。八月終，山口旅團返還汾、離，驅其疲卒，西犯柳林。九月一日金羅鎮、中陽縣城，各增敵千餘向西蠢動，為我傅（存懷）、陳（慶華）師所阻。三日中、離敵五千餘大舉西犯，北路約千三百餘，沿離磧大道西竄，經我孟（憲吉）軍史（澤波）旅截擊於王老婆山，斃傷百餘。殘敵繼續西竄，侵入孟門。中路二千餘沿離軍公路猛進，四月午陷柳林之穆村，抵薛村附近為我孟軍劉（效曾）旅所阻，激戰良久。南路約千餘，由中陽經萬年堡、邢家嶺，四日竄抵關子溝，我獨七旅盧憲高部沿途堵擊，頗予損傷。五日中、南兩路之敵會陷軍渡，向對岸宋家川，砲擊五百餘發，經我還擊，未敢試渡。時敵力已分，我孟軍全線反攻，敵倉皇回竄。六日軍渡告復，我乘勝向柳林合圍，敵憑工事頑抗，相持多日，迄未攻下。然敵所付之代價，亦殊不淺。

（五五）第三次吉鄉戰役

28 年 10 月 7 日至 11 月 20 日

　　第二次吉鄉戰役後，閻司令長官深知敵閥之謎夢未醒，兇燄猶熾，二戰區在全國整個戰局中所負之責任更大，乃於二十八年春移節陝宜之秋林鎮，首召開軍政民高級幹部會議，檢討過去，策畫將來；繼組織訓練委員會，選拔幹部，訓練幹部，期以造成現代化有基礎三十萬團力之鐵軍與組訓一百萬有國家觀念、民族意識、自己負責不容人不負責政治力量之民眾，使山西全境，儼如一牢不可破之堡壘，隨地可戰、人人能戰，令敵困迫奔疲，漸趨稍滅，所謂以軍政民化合之力，達到抗戰最高峰者是也。同時對於盤據本戰以內之敵，則以機動靈活之戰術，不時出擊。敵雖屢次增援，宣稱掃蕩，其結果皆為我所敗，無言凱旋。廿八年五月以後，敵勢愈窮，而其狂肆也愈挫，初則竄擾沿河，既而大舉進犯晉東南，激戰月餘，傷亡鉅萬，後乃妄思以殘敝之卒，撼我吉鄉中心區。行見狼奔豕突，徒速其亡者也。

一、敵軍之進犯

　　初敵於廿八年九月上旬，由河津、稷山、萬泉、新絳等縣調集步騎二千餘，由森本旅團長任指揮，向馬壁峪寇犯，意在窺我虛實，並乘機擴張偽政權於沿山一帶。不料關王廟一役，被我彭（毓斌）軍痛加阻擊，悄然遁逃。嗣乃大事增援，分道並進，圖陷我吉鄉區於三

106 | 閻錫山故居所藏第二戰區史料 **第二戰區抗戰要役紀（下）**
Historical Documents of the Second Theater in the Yan Hsi-shan's Residence
The Main Campaigns of the Second Theater in the Second Sino-Japanese War - Section II

面包圍之中，然後逐步肅清。十月初，敵之調署，大體完成，計在靈石、汾西、趙城、臨汾、襄陵、汾城、新絳、河津等縣增聚之敵，共計不下萬餘，大部均係谷口一○八師團，且威脅民眾，加襟偽軍，號稱數萬，以相煊赫。十月七日，開始西犯，一路三千餘，為井上第一五二聯隊，其主力由汾城西王村，分經三官峪、佛耳崖向圪台頭、金崗嶺進犯，一部千餘由小榆村（臨汾西）經垣上西犯。一部為工藤一○五聯隊，主力三千餘由黑龍關犯蒲縣。一路為杉浦第一一七聯隊，約千餘人由汾西之勛香，侵據克城。一路為山源第一三二聯隊約五、六百人由靈石之雙池鎮向大麥郊進犯，每路均配置大砲多門，騎兵數百，另輔以飛機一隊，每日出動三、五架，向我縣城及後方民眾，亂施轟炸。

二、我軍之堵擊

敵軍西犯之企圖既著，我軍亦嚴加佈置；南面鄉寧沿山，通河津、稷山、新絳等路，以彭（毓斌）軍為主，薄（毓相）旅附之。東南由鄉寧、蒲縣通汾城、襄陵、臨汾等路以呂（瑞英）軍為主，郝（玉璽）旅附之。東北隰縣一帶由白（英傑）、艾（子謙）、張（效良）等旅駐守，以當汾（西）、趙（城）之敵。鄉、吉縣城附近則由杜（春沂）軍警衛，統歸陳總司令長捷指揮。我之戰略，仍如前次，重側擊，尚奇襲，正面軟頂，逐漸消耗敵力，已則保持主動地位，常迂迴以困敵，而不為敵所困。敵鑑於累次冒進之失敗，故亦採穩紮穩打，逐步肅清辦法，先佔據主要交通據點，尋我主

力所在而加以圍擊，然後趕修公路，徐向前進。十月七日黑龍關敵首先發動，當晚竄陷蒲縣，八日一部四、五百達薛關村，主力沿大道南犯，九日陷南曜。我呂軍高（金波）旅於沿途截擊後，即向兩側轉移。汾城、臨汾方面之敵於八日經三官峪、佛耳崖、垣上西犯，九日先後竄抵圪台頭、金崗嶺及枕頭一帶，經我彭軍張（翼）旅，呂軍黃（士桐）師、梁（春溥）各一部，猛烈截擊，斃傷甚眾，尤以十日馬底溝附近一役，敵軍五、六百，被我包圍猛擊，殲滅過半。汾西、趙城之敵於七月晚由香勃、磊上侵入克城、上莊、康城，九日繼續西犯，竄抵義泉鎮，經我白、艾兩旅南北夾擊，受創極鉅。靈石方面之敵於九日由雙池鎮向大麥郊進犯，經我張旅阻擊於上下盤千一帶，未獲進展。至於河稷之敵，僅張虛聲，而實力甚微，十二日以一部二百餘向西礄口進擾，我薄旅略加堵擊，又復回竄，蓋意在牽制而已。此後凡一週間，敵自以為已佔領克城、蒲縣、黑龍關、南曜、圪台頭等據點，對我形成包圍勢態，遂進一步尋攻我軍主力，趕修各據點間公路，意在確保後方交通及與各線間之聯絡。而不知我軍早已洞其詭計，新作佈署，除留一部與之接觸外，大部均轉移於外線，出其不意，突予襲擊。如十日晚敵猛攻刁口時，我高（金波）旅即猛襲蒲縣城與黑龍關。十一日晚敵犯段山嶺、金剛嶺、牛五廟，我黃師即夜襲圪台頭，雖皆無赫赫戰果，而遲滯敵軍行動與消耗敵力之目的蓋已達矣。惟十三日喬家灣（蒲縣東）之役敵會集萬安、克城、蒲縣之步騎千餘，分十餘股向我進犯。當時高（金波）旅以

兩團之眾，力戰突圍，歷兩晝夜，損失稍重。

三、敵軍之深入

敵軍滯留於圪台頭、蒲縣、南曜一帶凡七、八日，經我軍晝伏夜襲，側擊橫截，其原定逐步肅清之計劃，終無由實現。繼乃大施增援，深入以求一逞。十月十八日晨圪台頭敵二千餘分二路西犯，一路千餘經金剛嶺、牛頭山向高天山，一路八、九百經管頭直撲鄉寧。我呂軍黃（士桐）師、彭軍張（敬俊）旅邀擊於牛頭山、管頭山，混戰終日，管頭首被突破，高天山繼被侵入。彭軍先後轉戰於東西團上、胡村，圖誘敵於柏山廟附近，予以圍殲。不意十九日雙方正激戰間，高天山方面敵五、六百突至，一股拊柏山廟我軍之背，一股猛撲縣城。時城內已空無所有，守兵均轉移於近郊山地，故無激戰。廿日黃師兩團偕同彭軍一部進擊柏山廟之敵，我士卒奮勇爭先，屢薄敵營，雖未完全克復，而附近高地多歸我有，此役斃敵數十，獲手擲彈多箱，我亦傷亡排長以下數十人。是時圪台頭方面，留敵無幾，我呂軍梁（春溥）師乘間搗虛，一度克復該地，予敵後一大威脅。蒲縣之敵於鄉寧陷後，亦蠢然思動，廿四日，以一部六、七百，與克城敵相呼應，侵入子城、隰縣，既又竄至石口。因我持空室清野政策，故稍事牽制，即縱之深入。廿五日鄉寧敵八百餘北犯吉縣，經我杜（春沂）軍孫旅（福麟）阻擊於三堠，敵機砲齊轟，兇烈異常，我軍沉著應戰，自卯至酉，屢挫敵鋒，三堠失而復得，吉縣賴以無恙。從此敵氣餒，我反攻之時至矣。

四、我軍之反攻

三堠戰後，敵之銳氣，頓遭挫折，除一部竄擾雲台山，一部竄擾鄉、吉沿途外，更無積極進犯之力。時我陳總司令長捷已深入敵後，令呂軍黃師向襄陵、汾城一帶轉進，襲取西王；梁師向土門一帶轉進，破壞臨土交通；高旅以一部襲擾洪萬（安）地區，以主力協同傅（存懷）軍王（思田）師破壞黑蒲、蒲午交通。彭軍長毓斌親率所部，扼據鄉寧以南山地，與吉鄉間之杜（春沂）軍，南北策應，夾擊鄉寧一帶之敵。此外如牛五廟、圪台頭附近以及通汾城大道之豁都峪，皆有我潛伏之游擊部隊，活動其間。十月廿六日稷、河敵二百餘犯黃花峪，次日蒲縣敵六、七百侵入大寧，皆意在為鄉寧敵聲援，經我軍迎擊，又鼠竄而去。十一月初汾城西王及牛王廟、圪台頭之敵二千餘會攻豁都峪，圖減少其後路之威脅，激戰兩日，結果被我斃傷數百。此後我即全線轉取攻勢，以吉、鄉間為最激烈。杜軍孫（福麟）旅由吉南下，以次收復馬家河、寬井河、平原等村，迫鄉寧城北之富家原。彭軍以小部襲擾城郊村莊，以主力爭奪城南之冀家原。十一月十二至十四日，我軍冒雪猛攻，苦戰三晝夜，卒敗敵軍，一度衝入城內。同時段山嶺敵五百餘向城內增援，被我黃師截擊於長鎮，激戰兩小時，轉竄東南，我劉營長任竟於是役殉國。十五日鄉寧城郊，敵增援反攻，又與我相持一晝夜，始分向東南兩路潰退，縣城遂完全為我克復，共計斃傷敵軍約五百餘人。

110 　閻錫山故居所藏第二戰區史料 **第二戰區抗戰要役紀（下）**
Historical Documents of the Second Theater in the Yan Hsi-shan's Residence
The Main Campaigns of the Second Theater in the Second Sino-Japanese War - Section II

五、敵軍之總潰

　　我軍圍攻鄉寧之際，隰、大一帶之敵，亦不堪我呂
軍高旅、傅（存懷）軍王（思田）師及白（英傑）、艾
（子謙）兩獨立旅之不斷襲擊，暗事東撤，十五日晚王
師收復大寧，十六日高旅收復午城。鄉寧既下，敵膽愈
寒，蒲隰之敵，紛紛潰退。十七日高旅一部進佔蒲縣，
十九日艾旅進佔隰縣，惟時圪台頭附近之敵，為數尚
鉅，徘徊觀望，未忍即去。我呂（瑞英）軍黃、劉兩師
跟蹤追擊，激戰終日，卒復該地。廿日我呂軍乘勝圍攻
黑龍關，吉鄉區內之敵，至此全告肅清，是役也，前後
互五十日，敵動師萬餘，兼挾奸偽，飛機亂施轟炸，毒
砲到處放射，氣燄之兇，不減已往。賴我閻司令長官調
度得宜，從容應付，卒能以較小之犧牲，獲取偉大之戰
果，殲敵數千，奠安呂梁。

（五六）中條山戰役（七）

28 年 12 月

二十八年夏敵第三十七師團代第二十師團駐防三角地區後，沿中條山與我曾（萬鍾）、孫（蔚如）兩集團軍相持於聞（喜）、夏（縣）、安（邑）、運（城）一帶，時晉東南戰事方殷，晉敵主力，半彼牽吸於彼，我曾、孫兩部乘虛襲擾，或破壞其交通，或攻奪其輜重，時出不意，予以突擊，敵雖嚴加防衛，奔馳掃蕩，而終莫奈我何。九月下旬其一部三、四千，分由永濟、虞鄉及解縣之二十里嶺會犯中條西端。我孫部陳（碩儒）師與之轉戰於永樂鎮（風陵渡東）、雪花山（虞鄉西南）、陌南鎮等處，忽隱忽現，靈活機動，敵幾不知我軍主力之所在。九月二十五日芮城被陷，敵數百進至大溝南（平陸西）。我軍一面堵擊，一面向敵側背轉進，越日陳師一部攻入陌南鎮，續向芮城附近壓迫，二十九日將頑抗之敵擊潰，三十日收復芮城。是役前後僅六、七日，敵往返徒勞，窘態畢露。此後經兩月之休整調署，至十二月初，三十七師團主力聯合第一〇八師團一部，附以飛機二、三十架，戰車十餘輛，使用大量毒氣，大舉會犯聞、夏間山地，經我曾集團軍唐（淮源）、高（桂滋）、武（士敏）等軍創之於上下橫榆、東溝峪，死傷纍纍，魄喪膽落。乃挺而走險，圖犯垣曲，詎知夏垣道上，我軍尤雄，加以衛副長官立煌親到垣曲督師，士氣百倍，馬家廟、青山村一役，敵數百之

112 閻錫山故居所藏第二戰區史料 **第二戰區抗戰要役紀（下）**
Historical Documents of the Second Theater in the Yan Hsi-shan's Residence
The Main Campaigns of the Second Theater in the Second Sino-Japanese War - Section II

眾，幾盡被殲，至此東出之念始息。十二月中旬，再糾集殘部數千向夏縣西南我孫（蔚如）集團軍耿（志介）師陣地進犯，激戰三晝夜，傷亡三、四百，結果仍行竄回。十二月下旬，我全國各地皆實行冬季攻勢，孫、曾各部，奉命出擊，一時聞、夏、安、運沿山各口，皆遭我軍猛烈襲擊，雖因地形所限，戰績未著，然敵亦惴惴不安矣。

一、聞夏間山地之爭奪

中條東段自橫嶺關以迄聞、夏間，為我曾（萬鍾）集團軍屯駐之所，右捍垣曲，左控安、運，敵所以屢薄平、芮而不敢久稽者，以此軍之躡其後也。九月中敵犯中條西端失敗後，乃重新決定肅清中條山計畫。第一步封鎖山背，防我軍之出擊；第二步推佔山內，摧毀我軍根據地；第三部進佔黃河北岸，控制渡口，斷我軍補給路線。十二月初敵為實現在其第二步計畫，先以一〇八師團之一部增集於橫嶺關西側，其第三十七師團之重松、荒木、竹田等聯隊與森戶獨立山砲隊亦集結於聞、夏、安、運東面，總計兵力約達萬餘。十二月二日開始蠢動，三日以飛機二十餘架、大砲二十餘門，步騎七、八千，大舉進犯，左翼三、四千由橫嶺關、鎮風塔、老泰廟及裴社、小王等村猛撲我上子井、上下陰里、大峪溝。正面五、六千由安、運東犯唐王山、范家窰，右翼千餘由夏縣犯我一五〇〇高地。我唐（淮源）、高（桂滋）兩軍與敵反復肉搏，血戰兩晝夜，右翼高地失而復得者凡數次，唐王山、方山廟被敵機轟炸幾成一片焦

土,其他各處守兵,以敵放毒彈,犧牲甚巨。嗣為誘敵深入計,四日晚調整部署,以一部留置敵後,轉移主力於言家山、胡家峪亘夏縣以東大嶺山之線,並以增到之武(士敏)軍王師控置於皋落鎮以西地區。五日,敵主力五、六千被誘至上下橫榆、東峪溝,一部三、四千被誘至大嶺上、范家坪一帶,痛加圍擊。七日,敵漸不支,紛紛潰竄,其獨立山砲聯隊,幾全覆滅,餘被斃傷者達兩千餘。時我孫(蔚如)部趙(壽山)軍一部由南面出擊,於五、六兩晚連襲張店及夏縣城,曾予敵背以莫大之威脅。

二、夏垣道上之戰

安、運方面之敵於六日被我擊潰後,其一部三千餘困據夏垣道上之馬家廟迄大嶺上一帶地區,憑藉砲火,勉支殘局。八日辰我高(桂滋)軍一部由青山村(聞喜東南)側擊,唐(淮源)軍寸(性奇)師向正面猛攻,激戰至晚,當將青山村西北高地之敵三百餘悉數殲滅,並進佔馬家廟東北高地。九日,敵後增援四、五千向馬家廟以東高地及韓家嶺以西羊圈頭進犯,時我衛副長官渡河到垣,士氣倍加振奮,唐軍寸師正面迎擊,李(世龍)師遶攻大嶺上以西以南,武(士敏)軍後續部隊郭(景唐)師加入正面,王師向馬家廟以北以西側擊,鏖戰三日,一五〇〇高地及東西普峪等據點,爭奪凡十餘次。敵軍四面楚歌,勉強掙扎,屢圖突圍,皆未獲逞。拉村、范家尤一役其重松聯隊長負傷,軍氣愈益不振,十一日晚,紛紛奪路北竄。我軍乘勝掃蕩,追殲殘敵,

114 閻錫山故居所藏第二戰區史料 **第二戰區抗戰要役紀（下）**
Historical Documents of the Second Theater in the Yan Hsi-shan's Residence
The Main Campaigns of the Second Theater in the Second Sino-Japanese War - Section II

共斃敵江島大隊長、富永中隊長以下官兵千餘，是役我
軍傷亡者亦二千餘。

三、我軍全線出擊創敵

　　十二月中旬我全國各地展開冬季攻勢，中條山孫、
曾兩集團軍同時奉命出擊。於是孫部李（興中）軍向風
陵渡、清華鎮、二十里嶺及鹽池南面各據點之敵襲擾；
趙（壽山）軍向張店、候王、王峪口及夏縣以東地區
之敵襲擾。曾部唐、高兩軍一面肅清夏垣道上殘敵，一
面向橫嶺關及以西鎮風塔等處進擊，武（廷麟）軍一部
與唐軍李（世龍）師向聞、夏間之堰掌、尉郭一帶進
擊。敵雖四出應付，而奔命不遑，繼乃糾集二千餘眾在
竹田聯隊長指揮下，於十二月十三日由王峪口左近之小
呂村、南郭村分向中南吳村、史家村我耿師志介陣地進
犯，企圖爭取主動，撓我軍氣，殊不知我固早為之備，
絲毫不為所亂。敵進佔辛黎園、張家窰後，我耿師即急
起反攻，其他各處亦同時猛襲，敵首尾不能相應，張皇
回竄，困守據點，與我相持。十六日我耿師恢復原有陣
地，此後中條全線戰況，即漸趨沉寂矣。

（五七）晉東南會戰（二）

29 年 1 月 1 日至 24 日

敵牛島第二十師團於二十八年九、十月間，經我范（漢傑）、龐（炳勛）等軍圍攻於長治、長子、壺關一帶，創痛鉅深，精疲力盡。我范、龐等軍，亦以損失稍重，亟需整補。因之邇後兩月有餘，雙方除以小部互擾外，均未作大規模之進攻。十二月中旬牛島師團大部北移，舞傳男師團代之而來，妄思突破我軍包圍陣線，於二十九年一月一日起分由長子、鮑店、屯留向西南大舉進犯。經我范軍各師奮擊，殲滅數千，勢稍挫。五日復由長子、壺關分道南犯，又為我龐軍所阻。十日范軍猛攻長子、鮑店，一度衝入長子北關。十二日壺關、長治敵大舉反攻，我龐軍與之劇戰於流澤村南及蔭城鎮、西火鎮一帶，反復爭奪達五、六日，范軍一部由長子南面，側襲敵右，一部進迫長子縣城，以分其力。二十日蔭城敵得援突犯，次日陷高平。我范軍緊躡其後，擊潰寺莊（高平北）之敵二千餘，二十二日克復高平。繼又北上尾追，二十四日克復太義鎮。敵我軍以損傷重大，復歸相持。

一、長子西南之戰

敵第三十六師團舞傳男部萬餘於十二月中旬代牛島第二十師團移駐晉東南。大部集結於長治、長子及屯留、潞城一帶。十二月二十五日曾以一部千餘由鮑店

116

閻錫山故居所藏第二戰區史料 **第二戰區抗戰要役紀（下）**
Historical Documents of the Second Theater in the Yan Hsi-shan's Residence
The Main Campaigns of the Second Theater in the Second Sino-Japanese War - Section II

（長子北）向西北之廟兒嶺進犯，被我范軍劉（進）師擊退，斃傷百餘。二十九年一月一日，長子敵步兵約兩聯隊，騎、砲各一聯隊，戰車四、五輛，向長子西南石哲鎮、仙翁廟、南北溝我黃（祖壎）、陳（素農）兩師陣地進犯，並於龍泉山（長子北）、張店鎮（長子南）控制步騎千餘，遙為聲援。同時屯留、鮑店敵亦向長子西北之豐儀鎮、金村竄擾，以相牽制。初敵攻勢極猛，其飛機八、九架更番轟炸，我陣地多被摧毀，黃師、陳師逐漸轉移於上下楊莊、李家莊、梁平溝一帶地區。劉師一部警戒鮑店，並驅逐龍泉山之敵，主力積極南向，擊敵右翼。三日起，猛予反攻，我將士無不奮勇效命，堅決苦鬥，雖在敵機、砲、毒氣兼施濫用下，無稍畏怯。當晚將敵全部擊潰，恢復原有陣地，並於盡義村（石哲鎮西）附近殲敵千餘。計三日來，敵傷亡者不下二、三千，我軍傷亡，約居其半。六日我追擊部隊進迫長子城郊，城內敵六、七百分由南西兩門出援，當在河頭村、南北大里一帶展開激戰，旋我劉師一部將城西北、呂村、分水嶺一帶敵掩護部隊擊潰。八日陳師一部攻佔長子城北之寺頭村、官道、酒房等村，共向縣城合圍。十日黃、陳兩師與敵激戰於城東之南北劉村、上坊村、城南之河頭村及北關。十二日劉師圍攻鮑店，長子敵五百餘北上赴援，備我陳師邀擊，斃傷逾半。嗣因長治、壺關敵大舉南犯，乃留一部於城西北，移主力於長高大道西側，策應龐軍，攻敵右翼，長子城郊之戰，無形鬆懈。

二、長治壺關南面之戰

　　長子西南激戰之際，原據長治、壺關南面之龐（炳勛）軍，亦向當面之敵猛襲，一月五日攻佔修善村（壺關東南）、曹家堰（長治南）互東西賈村（長治南）之線，斃敵二百餘。旋敵由壺關、秦莊（壺關南）、蘇店（長治南）等地分別反攻，均經我軍擊退。十一日長治方面由北增到伊籐師團數千，合原駐之舞傳男部共計近萬。十二日以五千餘眾，砲二十餘門，飛機六架，分由長治、壺關南向反攻，我龐軍與之激戰於周村鎮互韓店之線，竟日斬獲四、五百。十三日敵再增援四、五千，附以飛機七架，並放射大量毒氣向我龐軍右翼周村鎮、左翼韓店鎮洶湧猛撲，我軍反覆衝殺，陣地出入五、六次，終以傷亡過鉅，不得不向後轉移。次日敵跟踪南下，陷蔭城鎮，旋被我劉（世榮）師反擊於流澤村南及蔭城鎮東南之西火鎮、西南之太義鎮，斃傷近千。十六日我龐軍馬（□□）師增至申家溝（西火鎮東南）全線反攻，將敵擊潰，越西火鎮北向追擊。時向敵右側進擊之范軍黃師亦達到范家山、唐王廟、師莊附近，截獲敵笠原嘉平聯隊輜重一部，斃水戶少尉以下官兵六十餘名。惟蔭城之敵，未告肅清，致有高平之失。

三、高平之失而復得

　　一月二十日蔭城鎮敵獲援反攻，並以一部千餘分股南犯高平，同時張店敵竄寺莊，太義敵竄三甲。我龐軍一部與十八集團軍徐（海東）旅一部分頭堵擊，激戰一晝夜，二十一日，蔭城敵一股數百經南村、陳皮，薄高

118

閻錫山故居所藏第二戰區史料 **第二戰區抗戰要役紀（下）**
Historical Documents of the Second Theater in the Yan Hsi-shan's Residence
The Main Campaigns of the Second Theater in the Second Sino-Japanese War - Section II

平城下。守軍田（齊卿）旅及龐軍一部，為與左右兩翼
友軍取得連繫，完成包圍勢態，當向城西南郊轉移。敵
冒險竄據縣城，時我范軍由長子南下擊潰寺莊之敵，徐
（海東）旅乘虛襲擊蔭城，敵後路被截斷，惶恐萬分，
二十二日棄城北竄，高平復為我有。嗣范、龐兩部東西
呼應，向北進迫，以次收復太義、蔭城諸鎮，恢復本月
初旬陣線，置長治、長子、壺關於我包圍圈內。

（五八）晉西北區戰役（三）

29 年 3 月至 6 月

　　二十八年冬韓鈞等稱兵叛國，自由行動，原駐晉西北一帶趙（承綬）、郭（宗汾）等部，先後撤至汾離公路以南，晉西北遂惟敵叛所雜據。惟十八集團軍以特殊關係，猶保持其原有防區。二十九年春敵一〇八師團一部二千餘，分由太原、靜樂及汾離公路向嵐縣及方山、臨縣一帶進犯。我十八集團軍以運動戰、游擊戰之方略，縱橫馳騁，與敵周旋。三月十九日靜樂敵陷嵐縣，柳林敵陷軍渡，繼續分股竄擾。我賀（龍）師盧（東生）旅配合當地武裝，追踪奇襲，於二十四日收復嵐縣。時柳林、大武敵會同北犯，連陷磧口、三交，二十八日侵入臨縣。我軍尾至猛擊，敵未敢久戀，二十九日棄臨縣東竄方山。次日復為我軍所追擊，圍攻數時，斃敵數百，克復方山，殘敵大部回竄離、柳，此後靜樂、汾、離一帶之敵蜇伏不敢輕動者累月。六月中旬，五寨、神池一帶之敵第九獨立旅團忽又蠢動，偏關一帶之敵第二十六師團亦起而響應。六月十七日五寨、靜樂敵數千經嵐縣陷岢嵐，二十四日竄據臨縣之剋虎寨，二十五日其一股南擾臨縣、方山。同時偏關敵三千餘分路南犯，於六月二十三日佔河曲，二十五日續佔保德，三十日與岢嵐西犯共陷興縣。我賀師每乘敵行動之際，猛烈襲擊，雖連棄要地，而斬敵甚夥，如六月十七日米峪鎮（靜樂西南）之役，敵五、六百幾盡被殲。七

120　閻錫山故居所藏第二戰區史料 **第二戰區抗戰要役紀（下）**
Historical Documents of the Second Theater in the Yan Hsi-shan's Residence
The Main Campaigns of the Second Theater in the Second Sino-Japanese War - Section II

月初我軍反攻，克復保德，其餘股敵，亦被迫退聚城
內，不敢出擾。

（五九）中條山戰役（八）

29 年 4 月 15 日至 5 月 20 日

　　二十九年春，我全國戰局至為活躍，桂南綏西，捷報頻傳，贛北豫鄂，時有斬獲。惟二戰區內，以受叛軍之牽擾，未能積極進攻，除晉東南一隅稍形緊張外，餘皆甚沉寂。以故敵得藉以修養整補，增強實力，續行其所謂掃蕩工作。時敵所最憚忌而亟思據為己有者，東曰大行，西曰呂梁，南曰中條，蓋該處皆為我大軍屯駐之所，扼晉豫陝交通門戶，歷年來敵曾付極大代價，進犯多次，而卒未能如願以償者也。二十九年四月中旬，原駐三角地帶之敵平田第三十七師團，復蠢然思動，糾集所部六、七千於張店、安、運一帶，附以飛機十餘架，大砲三十餘門，於十五日起分犯平、茅、芮城。一路由塩池南岸之張村、曲村與南北橫澗共趨平陸，一路沿張茅大道直撲茅津，一路由二十里嶺經陌南鎮迫芮城。我孫（蔚如）集團軍之趙（壽山）、李（興中）兩軍與之激戰兩晝夜，平、茅失守，敵乘勢向張茅公路以東地區進犯，突與橫嶺關南下敵會佔垣曲。經我堵擊於淹底、廟凹、毛家山等處，屢挫其鋒，斃傷數千，未獲猖獗，迄後即成敵我交錯之勢，彼此伺機反攻，陣地屢進屢退，如是者凡月餘，敵固氣竭力嘶，我亦未能恢復原有陣地，平、茅渡口，遂為敵所控制。芮城方面，敵我皆非主力，當敵向南進犯時，我守軍新三十五師姜鴻模部即轉移於近郊山地，恆以伏擊、奇襲，困擾敵軍，故敵

122　閻錫山故居所藏第二戰區史料 **第二戰區抗戰要役紀（下）**
Historical Documents of the Second Theater in the Yan Hsi-shan's Residence
The Main Campaigns of the Second Theater in the Second Sino-Japanese War - Section II

佔據未久，復棄城北竄。是役敵損失飛機一架，傷亡官
兵二千餘，我之損傷僅次於敵。

一、張茅大道西側之戰

　　四月初旬，敵三十七師團之重松聯隊全部、竹田
聯隊主力、荒木聯隊一部，與騎砲兵千餘、偽軍七、
八百，集結於安、運、夏縣附近。十二日紛向張店左右
及塩池南面各據點增進。十五日運城池南之敵開始竄
擾。十六日拂曉張店鎮西側磨河村、從善村及池南西窰
村、曲村、張村之敵三、四千配合飛機十餘架分路向我
柏樹嶺、紅凸村、風口村亙大郎廟、榆樹嶺、黃草坡之
線全面猛攻。我李（興中）軍陳（碩儒）師與姜（鴻
模）師一部英勇抵禦，激戰終日，風口、紅凸、柏樹嶺
首被突破，大郎廟、黃草坡失而復得。我尚團長（武
傑）負傷，敵軍之被斃傷者約三、四百。十七日敵增援
反攻，大郎廟失守，土地廟繼陷，張茅大道正面之敵，
亦迫近茅津，與西側敵會佔大臣村，我軍被遮斷，不得
已向後轉移，次日平陸即被侵入。

二、張茅大道正面之戰

　　十六日午後，安、運敵三千餘竄抵張店，薄暮後以
一部七、八百在砲火掩護下經窰頭、王家滑、交裡分向
我李（興中）軍孔（從周）旅晴嵐北呂陣地進犯，意在
與柏樹嶺方面之敵相策應，直撲茅津，我當以陳（碩
儒）師一部由八政方面截擊，趙（壽山）軍一部繞襲其
後，藉收夾擊之效。十七日雙方激戰於軨橋、大寬、八

政、候岳一帶，敵機十餘架更番轟炸，我陣地多被摧毀，軹橋、大寬相繼失守。午後敵續增至二千餘，以一部與我相持八政村，大部沿大道南竄，當晚我孔（從周）旅一度克復大寬。惟茅津附近之澗東、寨頭，同陷敵手，我軍為阻敵繼續東進計，乃留陳（碩儒）師一部於敵後，轉移主力於大道東側，茅津渡遂與平陸同時為敵控制。

三、芮城之失而復得

芮城方面我原以姜（鴻模）師一部與當地保安隊一團協同駐守，姜部多係由晉南各縣反正之偽軍收編而成，素質較差，器械亦缺。敵大瀧聯隊於十七日以一部越二十里嶺進佔陌南，我軍略加抵抗，即化整為零，潛伏於附近山地。敵於公路修築完成後，二十二日，以裝甲車十餘輛，步砲五、六百，衝入芮城，盤據四日，復棄城北竄。蓋以城內既無可據之資，而後防兵單，常被我游擊部隊侵擾故也。

四、張茅大道東側之戰

平、茅既陷，敵轉鋒東向，爭奪淹底鎮。我以陳（碩儒）師與孔（從周）旅疲殘之卒扼古王、東西延村之線阻敵前進，苦戰澈夜，古王延村於十九日早被突破。既而敵又以二千餘眾，分犯我槐樹下、將窩、黃堆，共趨淹底。孔旅雖艱苦支撐，晚終被突破。二十日早，我乘敵立足定，大舉反攻淹底，趙（壽山）軍以四團兵力由北而南，孔旅回師相向，其他各部亦同時出

124　閻錫山故居所藏第二戰區史料 **第二戰區抗戰要役紀（下）**
Historical Documents of the Second Theater in the Yan Hsi-shan's Residence
The Main Campaigns of the Second Theater in the Second Sino-Japanese War - Section II

擊，敵四面楚歌，且戰且退，不數時連克淹底及其西郭
家莊、槐樹下等村，斬敵數百，軍心為之一振。二十一
日敵第三十七師團長平田健吉進駐輪橋，嚴督所部反
攻。首以全力薄淹底，我軍稍卻，敵再佔淹底，旋以主
力北擾獅子溝，以一部東竄望原，經我趙（壽山）軍耿
（志介）師與孫（蔚如）部教導團竭力堵擊，扼其兇
燄。同時陳（碩儒）師楊（覺天）旅附王（鎮華）獨立
旅一團復與敵爭奪過村、禹廟、將窩、黃堆等據點，劇
戰甚烈。終以我傷亡過重，於二十二日撤至過村東南高
地。二十四日敵二千餘由南北兩路會犯毛家山，此山為
夏垣大道西南之唯一屏障，設有失則垣曲告急，中條東
段危矣。我趙（壽山）軍耿（志介）師，奮勇捍衛，劇
戰兩日，毛家山失而復得，惟山東南之廟凹於二十四日
為敵所陷，迄未恢復。此後敵即無力東進，我亦大感疲
憊，雙方雖不時以小部襲擾，而主力戰暫告中止矣。

五、我軍之不斷反攻

　　敵侵據平、茅後，我南岸砲兵即不斷向之轟射，其
防禦工事未獲建立，故敵主力集結於張茅大道之大臣、
大寬、八政及平陸北面之馬村、東坪頭等據點，築置堡
壘，修整到路，與我相持。毛家山戰後，敵東進之勢
被遏，既而其一部復調至汾南，我軍於稍加調整後，乘
敵孤單，向張茅大道積極反攻，自四月杪至五月下旬，
二十餘日間，幾乎日有接觸，皆因敵之工事堅強，應援
便捷，縱克復一、二據點，旋又為所攻佔，故始終未奏
膚功。平、茅渡口以是歸敵瞰制，有時雖無一敵盤據，

我亦未能確實掌握，中條西段，我力愈見薄弱矣。至反攻戰績之較著者：一為四月三十日晴嵐與古王之役，我耿（志介）師孔（從周）旅各一部出敵不意，襲入上吉村、晴嵐村、槐下村。陳（碩儒）師楊（覺天）旅攻佔古王、計王。當夜孔旅復一度突入南村，平、茅之敵，驚慌失措，忽張店敵以千餘眾，附飛機三架，迅速來援，致我不得不仍退回原陣地。一為五月九日吉家坡、南凹村與八政村之役，吉家坡在茅津東北，南凹村在大寬東南，孔（從周）旅分往襲擊，戰一晝一夜，衝入南凹，斃敵三十餘。八政村為張茅大道之重要據點，敵恆以數百人據守，陳（碩儒）師楊（覺天）旅以全力攻襲，敵據險頑抗，激戰半日，敵援大至，我轉移於聖人澗以北地區，是役斃敵軍不下百餘。一為南坡村（八政附近）與大臣村之役，以我軍不斷襲擊，敵突向進佔南坡、大臣等處我軍反攻，劇戰竟日，雙方傷亡均重。

（六〇）汾北戰役

29 年 4 月 25 日至 5 月 10 日

　　二十九年四月下旬，中條山與晉東南方面戰事正劇，汾河下游，敵防空虛，閻司令長官秉承中樞意旨，特令駐在鄉寧邊境之李文軍全部及彭（毓斌）軍一部向敵出擊。南以河津、稷山為目標，東以襄陵、汾城為攻點，並乘機向汾南與曲、侯一帶挺進。意在搗敵後方，予中條山及晉東南我軍作戰以聲援也。李軍係本年初新由陝西增到者，人數既眾，軍容亦盛，敵對之頗有戒心。惟我軍出動之際，極為秘密迅速，敵驟不及防，河津、稷山、汾城等縣城同時被圍，侯馬、曲沃亦遭我渡汾部隊之襲擾，惶恐萬狀。五月初敵三十七師團竹田聯隊二千餘人，挾砲多門，附以飛機、坦克馳回汾北。雙方主力相遇，一戰於河津東北之南午芹，再戰於稷山北面之黃華峪，敵我損失均重。河、稷、汾、絳等城，以敵防禦堅固，交通便利，我雖屢薄城郊，衝入巷戰，迄未能確實掌握。曲、侯方面，我軍曾一度攻佔西侯馬及侯馬車站，並將高顯、蒙城間之同蒲路軌，破壞多處，予沁、翼敵後以莫大之威脅。嗣為拱衛吉、鄉，防敵竄擾，乃向後轉移。計是役前後不過旬餘，疾風驟雨，橫掃汾河下游，我固有若干犧牲，而中條之敵卒不得不抽調回援。晉南戰局，賴以穩定。因作戰主要地點，均在汾北，故統曰汾北戰役，茲擇其較著者，分述於後。

128　閻錫山故居所藏第二戰區史料 **第二戰區抗戰要役紀（下）**
Historical Documents of the Second Theater in the Yan Hsi-shan's Residence
The Main Campaigns of the Second Theater in the Second Sino-Japanese War - Section II

一、河津稷山之激戰

　　李軍奉命出擊後，即擬定以所部主力向汾城，一部
向稷山，同時分遣多數小部隊向襄陵、汾城、新絳、稷
山、河津間各公路游擊，以曲、侯為游擊之主要目標。
四月二十四日，開始行動，二十五日與敵接觸，我軍
奮勇直前，所向披靡。既而敵大部集結於主要城鎮，憑
藉工事，頑強抵抗。二十七日侯馬敵五百餘，安、運敵
千五百餘，先後馳援河、稷。一部五、六百，砲六門，
戰車四輛，飛機二架，與我胡（□□）師戰於河津東面
之史恩莊、趙家莊，被斃傷二百餘人，勢稍殺。二十八
日，固鎮敵三百餘，榮河敵六百餘，復纍次來援，皆為
我所擊退。時我胡師一部，已迫至稷山城下，猛力進
攻，於五月一日一度衝入城內。五月二日，河津敵八、
九百，戰車四輛，飛機二架，向我胡師主力所在之南午
芹（河津東北）、張開東（稷山西北）及張家堡一帶
陣地猛犯。激戰竟日，我軍沉著英勇，浴血奮鬥，斃
敵數百，我亦傷亡近千，次日轉移於佛峪及黃華峪附近
高地。敵乘勢續犯黃華峪，四日被我胡師及薄（毓相）
旅各一部，痛加阻擊，斃傷四百餘，乃轉向沿山他口
竄擾。

二、汾絳曲侯一帶之游擊

　　四月杪我李軍曹師向汾城、絳縣襲擊，鍾（□□）
師分十路渡汾東進，我呂（瑞英）軍黃（士桐）師一部
協同動作，聲勢至為浩大。除敵兢兢自守，力避劇戰，
鍾師於四月三十一日進至曲沃之高顯鎮，破壞該鎮北

面之同蒲鐵路十餘里。五月二日，攻佔侯馬車站及西侯馬，斃敵百餘，毀敵倉庫數處。同蒲沿線敵張皇來援，我又轉向曲沃東北挺進，十日與敵千餘遭遇餘曲沃北面之里村，予以重創。曹師監圍汾城，初以爭奪附郊據點，費時凡四、五日。五月四日衝入城內，與敵巷戰良久，摧毀敵偽機關多處，旋為迎擊增援之敵，又復退出。繼乃向臨汾西南之史村進攻，八日將史村西面之荀董包圍，與敵六、七百激戰竟夜。適敵千餘向我汾城之北范莊亙尉村陣地進犯圖竄三官峪，我軍遂不得不向沿山撤退。十日襄陵趙曲敵千餘渡汾西犯朱賈，經我黃（士桐）師截擊，分股四竄，此後因敵竄入呂梁，鄉、吉告急，李軍奉命回援，出擊之役，告一段落。

（六一）第四次吉鄉戰役

29 年 5 月中旬

　　第三次吉鄉戰役告終後，適我有韓逆之變，敵亦因晉東南戰事方殷，無暇西顧，數月來呂梁山方面，較為沉寂。二十九年二、三月間，敵酋板垣征四郎、多田駿先後視察晉南，決定組織掃蕩隊，分區掃蕩，圖迫我軍於山內，推建偽政權於鄉鎮，嚴施經濟封鎖，以逮其逐步肅清之目的。因之三月以後，敵恆以數百或千餘由稷、河、汾、絳、洪、趙等縣，不斷向沿山竄擾，但一經我軍出擊，無不狼狽潰退。即如四月二日石門峪之役，敵以二千餘眾為我新絳李縣長凱朋所率之自衛團所敗，其士氣之消沉，可見一斑。維時我李（文）軍三師已由韓城渡河，駐鄉寧、河稷間，三角地帶之敵，聞風惶恐，每以小部出擾，測我動向，故雙方之接觸日益頻繁。四月杪我李軍奉命出擊，河、稷、新、汾一帶展開劇烈之游擊戰。旋李軍以在河津作戰失利，向沿山各口轉移，敵乘之以千餘於五月十二日竄陷鄉寧，十四日進據吉縣之三堠。其由馬壁峪、三官峪進犯者共約三千餘人，亦先後深入鄉、吉，閻司令長官正擬渡河東進，聞訊暫駐宜川之桑柏，令彭毓斌、劉奉濱、杜春沂等軍合組聯合軍，以劉奉濱任殲敵前線指揮官，與呂（瑞英）軍相策應，聯絡李文軍分頭堵截。激戰一週，敵後援不繼，倉皇逃頓，我軍乘勝追擊，斬獲良多。十七日鄉寧縣城克復，越三日，吉、鄉境內全告肅清。

132 | 閻錫山故居所藏第二戰區史料 **第二戰區抗戰要役紀（下）**
Historical Documents of the Second Theater in the Yan Hsi-shan's Residence
The Main Campaigns of the Second Theater in the Second Sino-Japanese War - Section II

一、敵軍之竄入鄉吉

自二十八年冬韓鈞等逞兵叛國，自由行動，敵偽乘之，大肆鴟張，二戰區之處境，愈形險惡。閻司令長官於艱苦萬難之中，整軍剿叛，同時與敵作殊死鬥，歷時數月，情勢略定。二十九年春令陳（長捷）、彭（毓斌）各出兵一部協同李（文）軍向汾河左岸出擊，更改變行政上之舊區制為中心區制，選拔富有革命性之青年為中心縣長，賦以八項中心任務，加緊擴充政權。當是時，吉鄉區以軍政首腦地位，特召敵嫉，加以閻司令長官準備渡河督師，敵聞而益懼。適李軍出擊河、稷失利，正向山口轉移，部署未定，敵即撲至，其他守軍又恃山下部隊雄厚，準備稍疏。敵千餘乘間由河津之西磴口、八石盤、魏家嶺北犯。十日進至鄉寧南三、四十公里之鹿門、嶺東。十一日一股四、五百侵入鄉寧縣城，一股七、八百當晚抵鄉寧城西南之劉台、盤角、韓村、張馬附近。十二日侵入吉縣境內，孫福麟旅阻之於白額、安平，敵分股繼續北竄，於是吉縣東南之上下柏房、寬井河等五、六村，同被侵據，十三日三堆亦失守。稷山、汾城之敵，各約千餘，沿馬壁峪、三官峪與河津敵相呼應，共犯鄉寧。我呂（瑞英）軍黃（士桐）協同李文軍一部，竭力堵擊，先後轉戰於馬首山、圪丁石等處，未能遏其兇鋒，於是牛王廟、圪台頭，皆為所據。總計三日之內，敵軍之竄入鄉、吉境者，不過三千餘人，正予我以絕好殲滅之機。

二、我軍之嚴密部署

閻司令長官於五月六日離宜川之秋林鎮,擬即渡河至吉縣督師,途次桑柏,聞鄉寧告警,同時敵機每日向吉、鄉境內及沿河渡口偵炸,我所搭設之黃河浮橋亦被毀中斷,閻料知敵將大舉犯我呂梁根據地,因暫駐桑柏,令河東部隊作嚴密之部署,並授以作戰方略。其要點如下:

(1) 方針

我軍以確保呂梁山根據地以達掩護河防之目的,運用斷敵後路、截斷敵增援及接濟之戰法,困殲侵入之敵於鄉寧城附近地區,收各個擊破之效果。

(2) 部署

(子) 李文軍應以保持師家灘、船窩鎮後方補給要線安全之目的,遮斷由河津竄入三堠敵之後路,並堵擊其增援,另應以相當兵力堵絕西凱口、瓜峪迄三官峪間各山口。

(丑) 陳長捷部之呂瑞英軍以一部堵絕三官峪經佛耳崖至土門一帶各山口,勿使敵侵入,並確實遮斷古城經佛耳崖、牛王廟至圪台頭及土門經黑龍關、蒲縣至午城鎮之公路,運用各種新戰法活動殲滅侵入之敵,策應李文軍及聯合軍作戰。

(寅) 以杜春沂、彭毓斌、劉奉濱等軍合組聯合

134　閻錫山故居所藏第二戰區史料 **第二戰區抗戰要役紀（下）**
Historical Documents of the Second Theater in the Yan Hsi-shan's Residence
The Main Campaigns of the Second Theater in the Second Sino-Japanese War - Section II

軍，三軍長組織殲敵聯合指揮部，均任
指揮官，並以劉奉濱兼任聯合軍前線指揮
官，身赴前線，負統一指揮之責。指揮高
倬之師及張翼、趙恭、孫福麟等旅，運用
機動戰殲滅侵入之敵。

（卯）續儒林旅以牽制汾南敵人之目的，在汾南
積極活動，遮斷汾河交通，使敵不能北上
增援。

三、肅清竄入之敵

　　此次敵軍進犯，雖號稱近萬，實際行動者不過三、
四千人，每股多者僅千餘，經我軍沿途之堵截追襲，所
傷甚眾，比至吉境，已成弩末。三堠一股我孫（福麟）
旅與高（倬之）師一部與敵激戰兩晝夜，陣地失而復得
者數次，卒於十五日將其擊退，吉縣縣城賴以無慮。同
時牛王廟、圪台頭附近之敵，經我呂（瑞英）軍黃師之
猛襲痛擊，立足不定。十四日午我黃（士桐）師陳（光
裕）團第七連復於鄉寧寬水村（牛王廟東南）以機槍擊
落敵機一架，更使敵氣頹喪。十五日後各路我軍均已依
照閻司令長官之指示，新加部署，積極進攻，敵盲目竄
擾，到處受創。十六、十七兩日，鄉寧東北之敵，被我
黃師截擊於段山嶺、松柏嶺、蔴地溝，斃傷二百餘。鄉
寧東南之敵，被我趙（恭）旅襲之於後溝嶺、東凹、冀
家原一帶，斬獲百餘。吉縣、鄉寧間之敵，被我孫（福
麟）旅追擊於銅圪塔、萬連灘（三堠東南）、白額、上
下寬水、寺兒凹等處，窮追勢蹙，於十七日晚，縱火棄

鄉寧城潛遁。一股東竄汾西、新絳,一股南竄河津,途
經我軍伏襲,狼狽不可名狀。至五月二十日,吉、鄉全
境,同告肅清。是役前後不過一旬,敵之傷亡達千餘
人,以白額村之戰為最壯烈云。

（六二）晉東南會戰（三）

29 年 4 月上旬至 7 月下旬

以長治為中心，盤據晉東南之敵，在我范（漢傑）、龐（炳勛）等軍監圍下，半年以來，迭蒙重創。嗣知軍事上驟難取勝，乃堅守少數據點，與我相持，積極趕修白晉鐵道，圖與正太鐵道取得密切連繫，然後擴大其所謂「佔領區」。二十九年春節前後，我范（漢傑）軍與劉（伯承）師為阻敵築路計畫，一再向鮑店南北出擊，雖屢擊潰其掩護部隊，破壞其路基材料，而敵仍進行不輟。二月下旬，白晉路通至長治，敵運輸既便，遂逐漸向南集結。三月下旬，增達長治一帶者近萬，我亦知敵將事蠢動，除由范軍繼續監圍外，並調宋（希濂）軍由豫入晉，經陽城向高平、長子間推進。李（家鈺）、裴（昌會）兩軍經在陝豫整補後亦開往高平、晉城一帶。龐（炳勛）軍以損失較重，調豫北整補。所遺壺關、陵川防地，由范軍一部接任。三月三十日鮑店敵三千餘首向屯留西面之張店，沁線西南之古縣及佘吾鎮、元吾鎮、豐儀鎮進犯，與我十八集團軍劉（伯承）師陳（賡）旅激戰三日，卒據張店、豐儀鎮，同時一部千餘沿長高大道南犯，為我范軍所阻。四月九日長子敵一部千餘向西南犯陽魯村，被我新到之宋（希濂）陳（瑞河）師擊潰。時沁翼公路敵四一師團大舉東犯，與我劉（戡）、陳（鐵）軍劇戰於沁水西南地區。壺關東南我龐軍奉令南調，接防之范軍猶未完全達到。

138 閻錫山故居所藏第二戰區史料 **第二戰區抗戰要役紀（下）**
Historical Documents of the Second Theater in the Yan Hsi-shan's Residence
The Main Campaigns of the Second Theater in the Second Sino-Japanese War - Section II

敵乘之，於四月二十日起與沁翼公路東犯敵相呼應，以
萬餘之眾，由長治、長子、壺關分五路南犯。我宋、
范、李（家鈺）等軍協力堵擊，未能阻遏，二十一日高
平陷，二十二日陵川失守，二十三日沁水東犯之敵亦陷
陽城。我宋軍主力急向高平晉城大道進出，阻敵南下。
范軍主力反攻陵川。李（家鈺）軍控制於陵晉道上，防
敵西犯。宋軍一部與裴（昌會）軍王（晉）師拱衛晉城
西南。陳（鐵）、劉（戡）兩軍向沁水、陽城間之敵猛
擊，遏敵東竄。劇戰數日，敵死傷累累，然尤不顧一
切，齊向晉城進撲。二十五日晉城終為陵川東犯之一股
所陷，沿陽晉大道東犯之敵亦竄抵天井關，此後敵以鞏
固既得據點、維護交通路線為目的，我以銷耗敵力、恢
復失地為目的，互相反攻，爭奪達三月有餘。以晉城南
北地區、高平南北地區、沁（水）陽（城）大道南北兩
側為最激烈。當時宋軍、郭軍主攻晉城及晉博公路，范
軍主攻高平，劉（戡）、陳（鐵）軍圍殲陽城、沁水間
之敵。十八集團軍流失在白晉北段與敵反覆搏鬥，趙世
鈴、田齊卿、張濟等旅，伏擊沁翼沿線之敵，衛副長官
立煌並於五月中旬，親蒞晉城一帶指揮，雖在炎暑暴雨
中，無不奮勇異常，堅決苦鬥，除一度攻克陽城，並收
復陵川等縣外，先後斃傷敵軍萬餘，與鄂北豫南之戰，
同耀寰宇。

一、屯留西北地區之戰

　　二十九年三月末，集結長治、長子、壺關一帶之敵
舞傳男師團，將大舉南犯，恐屯留、沁縣間我軍之襲其

後，並為保持白晉鐵道北段之安全起見，於三月三十日起，以三千餘眾，分由鮑店、屯留西犯，一股向佘吾鎮，一股向河神廟，一股向張店。我十八集團軍劉（伯承）師陳（賡）旅以兵力較單，且戰且退，當日各該地同陷敵手。陳旅分別轉移於張店以北、古賢以南及佘吾鎮、吾元鎮間，猛烈抵抗。激戰至四月一日，敵忽由沁縣、屯留方面，新增二千餘，合向鮑店以西之豐儀鎮進犯。陳旅苦撐半日，官兵中毒者達五百餘，不得已略向後撤。張店之敵同日西陷常峪村。我軍仍化整為零，伺機襲擾，敵亦疲於奔命，回竄鮑店。

二、長子西南地區之戰

我宋（希濂）軍一部代范軍駐防長子西南地區後，乘新到銳氣，積極向長子城郊進迫。敵為維護其右翼安全計，於四月九日，由長子縣城出步騎千餘向西南犯陽魯村，我宋軍陳（瑞河）師奮起應戰，銳不可當，敵屢進屢挫，終被擊退。遺屍二百餘具，急行回竄，後被我截留於城陽村附近猛擊，殘部突圍東遁。次日我軍乘勝追擊，與竄擾呂村（長子西南）之敵三百餘相遇，迎頭痛擊，斬獲數十。長子西南地區，遂完全歸我控制。

三、翼沁敵之東犯

自敵竄入晉東南後，我劉戡、陳鐵兩軍控制翼晉公路沿線，隔斷同蒲路與白晉路南端之連擊，使沁河兩岸我軍獲保安全，陽城、垣曲之交通，暢行無阻，晉東南我軍之補給，實利賴之。二十九年一月中，敵田邊第

140　閻錫山故居所藏第二戰區史料 **第二戰區抗戰要役紀（下）**
Historical Documents of the Second Theater in the Yan Hsi-shan's Residence
The Main Campaigns of the Second Theater in the Second Sino-Japanese War - Section II

四十一師團代谷口一零八師團駐臨汾南北。四月中旬以富有、池田兩聯隊為前驅，集眾五、六千圖與長壺之第三十六師團舞傳男部相呼應，由西北兩面同時進犯，窺伺高平、晉城。十七日敵富有聯隊千餘首由翼城東南向岳莊、南馬村我劉（茂恩）軍武（廷麟）師陣地進犯。我陳（鐵）軍趕至增援，與敵激戰於官門村、大青窰、官地溝之線，達一晝夜。旋敵增至五、六千，藉砲空掩護，衝破我陳（鐵）、劉（茂恩）軍陣線，沿沁翼公路南側東犯。同時浮山敵千餘亦沿沁翼公路北側東犯，我遂放棄沁水，以劉（戡）軍主力向沁水陽城大道轉進，阻敵南下。陳（鐵）主力向沁水東北地區轉進，防敵東渡。十九日南側敵陷杏峪，北側敵陷龍渠，二十至二十一日，沁水東北之鄭莊、王壁、馬壁，沁水東面之富店鎮，沁陽道上之劉村鎮，同為敵所侵擾。二十二日我劉（戡）陳（武）師在趙（世鈴）旅協助下，向沁水西南之敵反攻，當即克復杏峪、窰頭、殲敵三百餘。至向鄭村進犯之敵，亦為我陳（鐵）軍王（勁修）師所擊退。惟沁陽道上，敵勢益急，我陳、劉兩軍南北夾擊，雖迭予重創，亦莫能阻。二十三日一股千餘，經劉村鎮，侵入陽城。我陳（武）師尾其後，次日乘敵東犯之際，一度收復陽城。同時王（勁修）師於沁水東之仙翁山附近殲敵三百。二十五日陽城東竄之敵經潤城鎮、周村鎮達天井關與陵川西犯敵會陷晉城。

四、長治、壺關、長子敵之南犯

長、壺一帶之敵，以爭取高平、晉城，打通晉博公

路為目的。於四月二十日起，與翼沁公路東犯之敵相呼
應，分五路大舉南犯。一路沿長子、高平大道南下，先
於二十六日竄據張店鎮，為我宋（希濂）所阻，停頓數
日，至此復由張店南犯。一路沿長治高平公路南下。一
路由壺關西南之蔭城鎮西經太義鎮與長子、長治南下之
敵共向高平。一路由蔭城鎮、東南越、西火鎮犯陵川。
一路由壺關經周村鎮、流澤村直趨陵川。步騎砲兵共計
近萬，附以裝甲、坦克，同時猛進。我宋（希濂）軍居
左，當長子、長治兩路。李（家鈺）軍李（青庭）師居
中，當蔭城高平道上之敵。范軍居右，捍衛鈴川。當即
沿北行頭（陵川西北）、西火鎮、建寧鎮、三甲鎮之
線，展開激戰，雙方猛撲達一晝夜，我陣地多被突破。
二十一日敵一部千餘竄入高平，同時陵川東北亦發現敵
蹤。我范軍黃（祖壎）、陳（素農）兩師各一部乘夜反
攻，圍敵數千於陵川東北之福頭、南溝、塔地、太平、
大會一帶，斃傷四、五百，敵勢稍殺。惟西火陵川大道
之敵，續增至兩聯隊以尚，我范軍劉（進）師堵擊無
效，陵川因失守。旋敵主力沿陵晉大道與高晉公路會犯
晉城，翼晉公路之敵亦越陽城東犯，我李（家鈺）軍
急撤至陵晉大道南側，截擊西犯之敵。宋軍撤至高屏
西南，協同裴（昌會）軍王（晉）師迎擊南犯西犯之
敵。范軍追躡敵後，一部反攻陵川，一部西趨高平。
二十三、二十四兩日各與敵反覆爭奪，猛烈搏鬥，宋軍
將高平西南之敵四、五千擊潰，范軍於二十五日攻克陵
川。惟沿陵晉大道西進之敵，連陷附城、巴公，同日侵
入晉城。時陽城東犯之敵亦下天井，與我裴（昌會）軍

142　閻錫山故居所藏第二戰區史料 第二戰區抗戰要役紀（下）
Historical Documents of the Second Theater in the Yan Hsi-shan's Residence
The Main Campaigns of the Second Theater in the Second Sino-Japanese War - Section II

王師爭奪晉博公路沿線據點。我軍重加部署，分途反攻，遂形成此後數月之拉鋸戰。

五、端氏東北地區之殲敵

當高平敵南犯晉城之際，沁水敵數千亦沿沁高公路越沁河東犯，亦在拊我宋軍側背，使不克專心東線。我宋軍以一部西向還擊，劉（戡）軍以一部東向尾追，四月二十九日，迫敵千餘於端氏高平關大道以北之蘆家山、白家窰一帶，痛加圍擊。敵左奔右突，欲脫不得，糧盡彈絕，勢將就殲。當晚晉城、高平敵約兩聯隊馳至增援，向我猛撲，同時被圍之敵亦冒死反攻。我宋、劉兩部雖在內外夾擊中，始終沉著奮勇，衝殺弗懈，血戰至三十日午，斃敵二千以上，殘敵奪路奔潰，幾不成軍。我軍乘勝追擊，如秋風掃葉，鹵獲無算。

六、陵晉大道兩側之創敵

初我李家鈺軍於壺高道上消耗敵力後，以次轉移於陵晉大道兩側，阻擊陵川西犯之敵。四月二十五日與敵三、四千遇於陵川大道南側之萬章村、徐社一帶，激戰竟日，斬獲六、七百，並將侵入土寨頭之敵三百餘全部殲滅。當夜佔附城鎮，次日續克峯頭村，逐漸向晉城東側迫進。晉城既陷，敵為減除其左右威脅，三十日分由晉城、高平以步騎四、五千人，砲二、三十門，向陵晉大道北側之李（家鈺）軍進犯，結果復為我所敗，遺屍數百，回竄原處。

七、沁水陽城道上之創敵

敵四一師團於四月中旬越沁水、陽城竄達晉城後，我劉戡、陳鐵兩軍分別轉移於沁陽大道兩側，截擊過往之敵。趙世鈴、田齊卿、張濟等旅，同時活動於沁水南北地區，尚以襲擊零星小敵、破壞敵後交通、攻奪輜重為務。敵困擾不堪，由東西兩面，動眾五、六千，屢行進犯，我亦猛烈反擊，並以陽城、董封為中心，時作反攻。如此往復爭奪，激戰兩旬有餘，斃敵二、三千，使冀晉公路不獲暢通，終置陽城於我軍控制之下。茲列舉其要役於下：

（1）陽城附近之戰

我陳武、王勁修等師，扼據陽城西南一帶山地，維護陽城通濟源大道，遮斷陽城、董封間連繫，威脅冀晉公路之交通，牽制敵軍數千於陽城、沁水間不克轉移，敵苦之，突於四月三十日，以第四一師團之池田聯隊二、三千人，由陽城西犯、南犯。我陳、王兩部奮起迎擊，先後轉戰於城西南之風頭、風窊及董封、玉京山一帶，歷五、六晝夜，斃傷敵千餘。旋敵增援反攻，五月十四日復被我陳（武）師截留千餘於陽董道上之匠村、魏家窊一帶，猛烈夾擊，斃傷逾半。十五、十六兩日我軍繼續猛攻，擊潰陽董道上之敵，連克匠村、魏家窊等村，同時王（勁修）師一部攻襲城南之長畛嶺，城東之上下孔村，旬日之內，斃敵大隊長山田以下二千餘。

144 | 閻錫山故居所藏第二戰區史料 **第二戰區抗戰要役紀（下）**
Historical Documents of the Second Theater in the Yan Hsi-shan's Residence
The Main Campaigns of the Second Theater in the Second Sino-Japanese War - Section II

至二十日，陽城西南之高地，大半歸我控制，惟以敵器械較利，應援容易，加以我軍久戰疲困，致未達克復陽城之目的。

（2）後馬圈北面之戰

五月五日陽城後馬圈敵二千餘北竄，經我田齊卿、趙世鈴、張濟旅各一部截擊於東西大興、張村、馮村、瓦窰溝等地，斃敵三百餘，騾馬二百餘頭，殘敵獲援西竄沁水。我傷亡營附田壘以下官兵百餘。

（3）仙翁山之克復

仙翁山界於沁水、陽城之間，北控沁高公路，南瞰沁陽大道，東屏沁河，為軍事上一重要據點。我軍以遮斷沁陽、沁高間敵軍交通為目的，自反攻陽城以還，即積極向之襲擊，因守敵眾多，地形險要，始終未獲如願。五月二十七日我劉（戡）軍陳（武）、劉（希程）兩師各一部乘敵空虛，以迅雷之勢，突往襲擊。激戰半日，斬獲百餘，殘敵四散，我遂進據山頭，並佔領其東南之紫槐腰村。

八、晉城西南地區之戰

由陽城東渡沁河，經潤城鎮東南行約二十里為晉城之周村鎮。由此東行五十五里達晉城縣，東南行約七、八十里達天井關，以接於晉博公路。周村、天井關間，

山嶺重疊，有隘道經東西風頭、劉坪村，通豫北濟源。
晉城陷後，我宋軍主力轉移來此，與北面范（漢傑）
軍、東面李（家鈺）軍、西面劉（戡）、陳（鐵）軍、
晉博公路兩側之裴（昌會）軍王（晉）師互相連繫，對
晉城形成包圍勢態。敵為鞏固晉城據點，打通晉博公
路，防我反攻起見，自五月初起，屢行增援，向我王師
宋軍進犯。我亦以恢復晉城，阻敵南下為目的，不斷出
擊，因在晉城西南地區鏖戰兩日，消耗敵力無算。七月
初宋軍南調，王師繼續阻擊，惟情況已較和緩，茲分敘
其經過於後：

（1）天井關敵西犯被阻

五月二日天井關、天水嶺敵七、八百西南向進犯
東西鳳頭，經我宋軍一部擊潰，斃傷百餘，次
日由晉城增援千餘再犯又蒙重創。十日復大舉進
犯，圖竄劉坪，我軍扼據山隘，節節抵抗，至
十二日，疲憊不堪，東竄欄車鎮。

（2）我軍出擊晉博路

五月十五日我裴軍王（晉）師一部向天井關南晉
博公路各據點之敵出擊，衝入晉廟舖、欄車陣等
地，斃敵三百餘。旋敵戰車數輛，步騎八、九百
來援，肉搏三次，均被擊潰。迄晚敵大量增援，
我被迫轉移於公路西側。

146　闔錫山故居所藏第二戰區史料 **第二戰區抗戰要役紀（下）**
Historical Documents of the Second Theater in the Yan Hsi-shan's Residence
The Main Campaigns of the Second Theater in the Second Sino-Japanese War - Section II

（3）二十里舖之襲擊

五月二十日我宋軍陳（瑞河）師一部攻入晉城西
面之二十里舖，斃敵多名，奪機槍四挺，毀汽車
多輛。旋敵增援反撲，激戰數日，二十里舖得失
達六、七次，始終未能突破我軍之包圍線。

（4）新房垯之襲擊

新房垯在天井關西，為通濟源要道，我宋軍楊師
於五月二十八日前往襲擊，與天井關一帶敵多名
激戰數時，卒佔據新房垯高地，並斃敵百餘。

（5）周村鎮東南之激戰

周村鎮附近之敵經我宋軍陳師包圍襲擊，損傷極
重，六月七日晉城一帶敵數千，在飛機六架掩護
下，經二十里舖與周村鎮、東溝鎮（晉城西北）
之敵相呼應，向宋軍陳、向兩師猛攻。我軍分頭
堵擊，劇戰於陳莊、鐵戶、二十里舖互周村沿
路，斃敵多名。敵機不顧人道，亂施轟炸，附近
村莊，每人落彈不下二百枚，民眾受害甚慘。其
一架曾被我擊落於周村鎮附近。十一日周村敵得
援南犯，侵入堅水村、高會村一帶，十五日被我
宋軍一部擊潰，斃傷四、五百，殘部退守周村、
望頭。

（6）晉博公路敵之南犯

盤據天井關一帶之敵，經我王師、宋軍攻襲月

餘，不但打通晉博公路之企圖未達，且蒙重大損失。六月十三日高平敵三千餘，砲二十餘門，汽車百餘輛，增抵晉城。十六日拂曉，分在砲空掩護下主力沿公路南向晉廟舖、欄車鎮，一部向公路西側之東西鳳頭、劉坪。我王（晉）師堅強抵抗，先後轉戰於前後雲頭、河底村、捏草窊、衛道村、嶺東等處，達五晝夜，斃敵逾千，我亦傷亡稍重，略向後轉移。截至十九日，晉廟舖、欄車鎮、劉坪均陷敵手。同時我宋軍楊師一部向望頭村、李寨，側擊敵右，皆頗有斬獲。

（7）劉坪之克復

六月中旬敵竄據晉博公路北端各據點及其西側之劉坪後，我王師屢次出擊，皆以敵戒備嚴密，工事堅固，未奏膚功。七月六日敵一部五百餘侵入劉坪西南之張莊，當夜我王師猛烈逆襲，殲敵二百餘，克復張莊（劉坪西南）。繼則向劉坪、核桃園猛撲，並以多數便衣擾其後，七日敵不支，棄劉坪北潰。是時宋軍奉令南調，王師獨當晉博公路之敵，戰局遂緩。

九、高平南北地區之戰

四月下旬我范軍克復陵川後，即回師西向，分向高平南北地區進擊，北以蔭城鎮、三甲鎮為主攻點，南以米山鎮、巴公鎮為主攻點，意在截斷長（治）晉（城）公路，恢復高平，與宋軍、王師合力肅清晉城之敵。

148 | 閻錫山故居所藏第二戰區史料 **第二戰區抗戰要役紀（下）**
Historical Documents of the Second Theater in the Yan Hsi-shan's Residence
The Main Campaigns of the Second Theater in the Second Sino-Japanese War - Section II

五月二十日范軍大舉出擊，右翼劉（進）師攻佔唐王山
（三甲東南）、趙家山，進迫三甲鎮（高平東北）。左
翼陳（素農）師攻佔賀崗，北寨之線，迫進米山鎮（高
平東南）。高平、巴公敵分別馳援，激戰竟日，雙方均
無進展。二十五日范軍再行總攻，高平南北同時展開血
戰，敵受創之餘，悉索敝賦，二十七日在飛機六架掩護
下分路猛犯米山鎮東面之龍裰山，我陳師一部迎擊，劉
師一部側擊，當晚將敵擊潰，斃其官兵百餘。同時陳師
一部在水磨頭截擊高平北竄汽車六十餘輛，毀十餘輛。
六月二日范軍黃師向蔭城鎮出擊，激戰半月，先後攻戰
橫河、石炭峪，斃敵百餘。劉師一部西出策應，攻佔南
宋、西掌鎮，毀敵汽車四輛，斃敵百餘。六月五日黃師
衝入蔭城鎮，巷戰終夜，焚毀敵彈糧庫。次日敵增援反
攻，圖竄西火鎮及南宋村，均被我擊退。是時晉城敵南
犯甚急，范軍為策應宋軍、王師，移主力於高平以南，
向巴公鎮進擊，六月八日攻佔上下元慶。巴公、晉城之
敵，大感威脅，特留重兵與我相持。七月初范軍擴展
至晉陵大道，完成對晉城東北兩面之包圍勢態。七月
二十七日敵千餘由晉城巴公東向反攻，與我陳師戰於峯
頭村附近，遺屍多具，狼狽潰退。

十、遼沁一帶之游擊

長治、壺關敵大舉南犯以後，白晉路北段之敵，先
後南調增援，遼、沁、黎、潞一帶，未免空虛。我十八
集團軍之徐海東旅、劉伯承師，秉機襲擾，截敵輜重，
壞敵路軌，伏擊、突擊其過往部隊。兩月之內，擄獲甚

多。至如四月十八日夜徐旅之襲壺關，四月二十五日劉師之襲黃碾鎮（潞城西）、微子鎮（潞城東），五月四日陳（錫聯）旅之出擊南關鎮，創敵尤鉅。六月下旬正太沿線之敵獨四旅團與白晉北段之敵第三十六師團各一部共計五千餘人，由遼縣、沁縣及夏店、虒亭等鎮分向榆社、武鄉、襄垣一帶山地進犯，圖肅清我潛伏之游擊部隊，以確保其白晉鐵道之安全。六月二六日遼縣敵數千分向城南之溫城、城西北之石匣、長城進犯。我陳錫聯旅靈活運用，避實擊虛，轉戰數月，敵雖連陷溫城、榆社，我依然保持強大兵力，與之相持。沁縣敵二千餘，二十六日東犯段村，次日復經武鄉東犯，沿途經我劉師陳（賡）截擊，傷亡甚重。其敗竄至馬莊（武鄉東）為我朱（德）、彭（德懷）之特務團所阻，激戰數時，我以眾寡懸殊，略向兩翼撤退。二十八日上北漳被攻陷。虒亭、新店之敵各千餘，重砲十餘門，飛機數架，二十六日辰東犯史北鎮，我陳（賡）旅以史北鎮為我沁縣一帶之游擊根據地，不惜任何犧牲，堅強抵抗，激戰竟日，終以砲火不敵，為所攻陷。二十七日我軍轉移史北鎮以東之龍王堂，敵尾至，再戰一晝夜，我又退，敵續進。二十八日與夏店、武鄉東犯敵會陷西營鎮、城底村、王家塔等地，當晚我集力反攻，將敵擊潰，收復西營。以後雙方互出游擊，分股襲擾，卒陷敵於疲境，不得不退集於原據點。

民國史料 65

閻錫山故居所藏第二戰區史料
第二戰區抗戰要役紀（下）

Historical Documents of the Second Theater
in the Yan Hsi-shan's Residence
The Main Campaigns of the Second Theater in the
Second Sino-Japanese War - Section II

原　　編　許預甲
編　　輯　民國歷史文化學社編輯部
總 編 輯　陳新林、呂芳上
執行編輯　林弘毅
封面設計　溫心忻
排　　版　溫心忻
助理編輯　詹鈞誌、劉靜宜

出　　版　🛡 開源書局出版有限公司
　　　　　香港金鐘夏愨道 18 號海富中心
　　　　　1 座 26 樓 06 室
　　　　　TEL：+852-35860995

　　　🌸 民國歷史文化學社 有限公司
　　　　　10646 台北市大安區羅斯福路三段
　　　　　　　　37 號 7 樓之 1
　　　　　TEL：+886-2-2369-6912
　　　　　FAX：+886-2-2369-6990

http://www.rchcs.com.tw

初版一刷　2022 年 5 月 31 日
定　　價　新台幣 350 元
　　　　　港　幣 95 元
　　　　　美　元 13 元
I S B N　978-626-7157-12-1
印　　刷　長達印刷有限公司
　　　　　台北市西園路二段 50 巷 4 弄 21 號
　　　　　TEL：+886-2-2304-0488

資料提供：臺北市政府文化局
　　　　　閻伯川紀念會

國家圖書館出版品預行編目 (CIP) 資料
閻錫山故居所藏第二戰區史料：第二戰區抗戰
要 役 紀 = Historical documents of the second
theater in the Yan Hsi-shan's residence：The
main campaigns of the second theater in the
Second Sino-Japanese War/ 許預甲原編；民國
歷史文化學社編輯部編輯 . -- 初版 . -- 臺北市：
民國歷史文化學社有限公司 , 2022.05

　　冊；　公分 . -- (民國史料；64-65)

ISBN 978-626-7157-11-4　（上冊：平裝）. --
ISBN 978-626-7157-12-1　（下冊：平裝）

1.CST: 中日戰爭　2.CST: 史料

628.5　　　　　　　　　　　　111007306